Liebe Schülerin, lieber Schüler!

das neue Religionsbuch „fragen – suchen – entdecken 4" begleitet dich durch das letzte Jahr der Grundschule. Du findest darin viele interessante Themen für den Religionsunterricht, aber auch für dich zum Durchlesen.

- Da ist das Anfangskapitel „Stille entdecken". Die verschiedenen Übungen helfen dir, dich und deine Umwelt immer besser kennen zu lernen und in der Stille auch nach Gott zu **fragen**.
- Am Ende des Buches findest du Anregungen, das Ich-Buch weiterzuführen oder neu anzulegen. Erlebnisse, schöne und traurige, Fragen, Bilder, Geschichten, alles hat darin Platz. Das Ich-Buch kann für dich ein treuer Begleiter durch das Jahr werden. Wenn du dann am Ende des Jahres die Grundschule verlässt, willst du es vielleicht selbst weiterführen, auch ohne Anleitung durch deine Lehrerin oder deinen Lehrer.
- Verschiedene Themen wollen dich und deine Klasse zum Fragen und zum Suchen anregen. Zum Beispiel:
  - Wer bin ich, was macht mich glücklich, wem kann ich vertrauen und wer hält mich? (fse 23-38)
  - Warum gibt es Unglück, Leid und Tod? Wie können Menschen damit fertig werden? Ob es darauf Antworten gibt? (fse 55-70)
  - Einige Mitschülerinnen und Mitschüler sind evangelisch, manche sind muslimisch. Was glauben sie, wie leben sie? Gibt es Gemeinsamkeiten? (fse 103-119 und fse 40-54) Es lohnt sich, sich darüber zu informieren und nach gemeinsamen Projekten zu **suchen**.

Das sind nur einige der Themen, über die du mit deinen Mitschülerinnen und Mitschülern im Religionsunterricht ins Gespräch kommen kannst.

Die Verfasserin und die Verfasser, die Herausgeberin und der Herausgeber des Buches wünschen dir, dass das neue Religionsbuch und der Religionsunterricht dir helfen, deine Neugierde wach zu halten, dass sie dir viele Anregungen geben, Neues zu **entdecken** und sie dich immer wieder auch nach Gott fragen lassen.

fragen – suchen – entdecken

Religion in der Grundschule 4

Herausgegeben von
Dr. Barbara Ort und Ludwig Rendle
mit Beratung von Prof. Dr. Lothar Kuld

Erarbeitet von
Ludwig Sauter, Angelika Dott, Josef Schwaller

Illustriert von Eva Czerwenka

Zugelassen als Lehrbuch für den katholischen Religionsunterricht von den Diözesanbischöfen von Aachen, Augsburg, Bamberg, Berlin, Dresden (für den Bistumsanteil in Thüringen), Eichstätt, Erfurt, Essen, Fulda (für den Bistumsanteil in Thüringen), Hamburg, Hildesheim, Köln, Limburg (für den Bistumsanteil in Rheinland-Pfalz), Mainz (für den Bistumsanteil in Rheinland-Pfalz), München und Freising, Münster, Osnabrück, Paderborn, Passau, Regensburg, Speyer, Trier und Würzburg.

ISBN 3-466-50646-8 (Kösel)
ISBN 3-403-03254-X (Auer)

Satz: Kösel-Verlag, München.
Druck und Bindung: Ludwig Auer GmbH, Donauwörth.
Notensatz: Christa Pfletschinger, München.
Umschlagentwurf: Kaselow Design, München,
unter Verwendung von Illustrationen von Eva Czerwenka, Straubing.

Der Kösel-Verlag ist Mitglied im Verlagsring Religionsunterricht (VRU).

Kösel / Auer

Inhalt

Schweigen möcht ich, Herr

T: Jörg Zink/M: Christoph Janacs

2. Schweigen möchte ich, damit ich den Dingen und Geschöpfen nahe bin.
3. Schweigen möchte ich, dass ich deine Stimme unter vielen Stimmen hör.
4. Schweigen möchte ich und darüber staunen, dass du ein Wort für mich hast.

1 Von Gott in die Freiheit geführt

Frei von Regeln leben

Das Dorf ohne Regeln

Die Leute im Dorf hatten die Regeln satt. Alles war vorgeschrieben: wann sie aufstehen, wann sie zur Arbeit gehen sollten, wann Sonntag war und wann Werktag. Den Schülern wurde vorgeschrieben, wann die Schule beginnt, dass sie ein Taschentuch bei sich tragen und zu Hause die Zähne putzen sollten. Es gab Regeln, wie man über die Straße geht, wie lange man am Abend duschen darf und wie lange Klavier spielen. Es waren wirklich viele Vorschriften und deshalb beschlossen die Leute eines Tages: Von heute an sollen keine Regeln mehr gelten. Das war schön.

Die Schule war natürlich leer, weil alle Kinder baden gingen. Die Leute stellten ihre Tische auf die Straße, weil es dort so sonnig war. Die Jungen drehten die Stereoanlage auf und ließen sie vierundzwanzig Stunden laufen. Als Peter aus dem Wasser stieg, fand er seine Hosen nicht mehr. Klaus hatte sie angezogen. „Es gibt keine Regeln mehr", rief er und sprang davon.

➤ Schreibe weiter, wie sich das Zusammenleben im Dorf wohl entwickelt hat!

Auch wo scheinbar keine Vorschriften gelten, wird das Zusammenleben oft von unausgesprochenen Regeln bestimmt.

Gleiches Recht für alle!

Der Stärkere hat Recht!

Hauptsache ICH!

Geld regiert die Welt!

Ich lebe, wie es mir gefällt!

➤ Stellt Situationen zu diesen Sätzen dar.

Regeln, die wir für sinnvoll halten

➤ Schreibt die Regeln auf, die euch für diese Bereiche wichtig erscheinen.

Alles bestens geregelt?

Eine Hungersnot zwang die Israeliten auf der Suche nach neuen Weideplätzen, sich im mächtigen Ägypten niederzulassen. Das Königreich am Nil bot saftige Weiden für ihre Tiere. So wuchsen die einzelnen Familien schnell zu einem großen Volk heran.
Die Ägypter fühlten sich durch die Israeliten bedroht. Der Pharao*, ihr König, erließ folgende Regelungen:

Befehl des göttlichen Pharao:
§ 1: Alle neugeborenen Jungen der Israeliten müssen getötet werden!
§ 2: Die Israeliten müssen als Sklaven* arbeiten!
§ 3: Sie müssen von Aufsehern streng überwacht werden!

- Wie haben wohl die Träume der Israeliten von einem Leben in Freiheit ausgesehen?
- Dichtet neue Strophen zum Lied. Malt Bilder dazu.

Lasst uns geh'n in unser Land *T: Horst Peter/T. u. M.: Ludwig Keller © Strube Verlag*

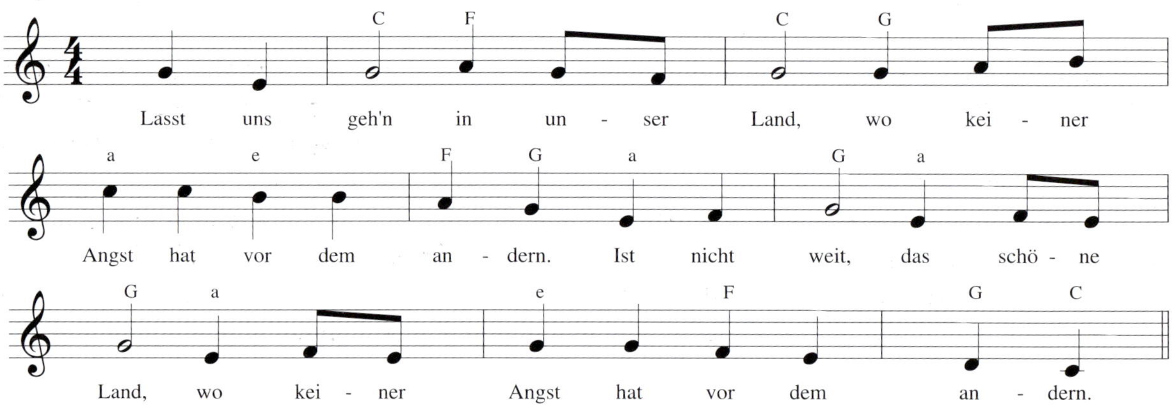

2. Lasst uns geh'n in unser Land,
wo wir einander gut verstehen.
Ist nicht weit, das schöne Land,
wo wir einander gut verstehen.

3. Lasst uns geh'n in unser Land,
wo wir einander nicht verletzen.
Ist nicht weit, das schöne Land,
wo wir einander nicht verletzen.

Seit diesem Ereignis sind mehr als dreitausend Jahre vergangen. Doch die Erinnerung an das Volk Israel, das unter unmenschlichen Gesetzen leiden musste, ist bis heute lebendig geblieben. Viele Menschen konnten sich selbst in dieser Erzählung wiederfinden. Einer davon war Martin Luther King. Er lebte vor ungefähr 50 Jahren in den USA. In dieser Zeit hatten nicht alle us-amerikanischen Bürger dieselben Rechte. Man machte Unterschiede zwischen Weißen und Farbigen. Das bekam Martin Luther King schon als Kind zu spüren.

Ich erinnere mich, wie ich eines Tages, als ich noch klein war, mit meinem Vater einen Schuhladen im Geschäftsviertel der Stadt besuchte. Wir hatten uns auf die ersten leeren Stühle vorn im Laden gesetzt, als ein junger weißer Angestellter auf uns zukam: „Ich will Sie gern bedienen", murmelte er höflich, „aber gehen Sie doch bitte dort hinten auf die Plätze!"
„Wir haben an diesen Plätzen nichts auszusetzen", sagte mein Vater.
„Wir sitzen hier sehr bequem."
„Es tut mir Leid", antwortete der Angestellte, „aber hier kann ich Sie nicht bedienen. Die vorderen Plätze sind für die weißen Kunden reserviert."
„Nun, entweder kaufen wir unsere Schuhe hier, wo wir sitzen, oder wir kaufen gar keine", gab mein Vater zur Antwort. Darauf nahm er mich bei der Hand und ging mit mir aus dem Laden. Das war das erste Mal, dass ich meinen Vater so zornig gesehen habe.

Ich höre ihn immer noch vor sich hin sprechen: „Ich werde die Rassentrennung in unserem Staat nie anerkennen, ganz gleich, wie lange ich unter diesen Gesetzen leben muss."

Martin Luther King wurde baptistischer Pfarrer und machte es sich zur Aufgabe, für die Rechte der Schwarzen zu kämpfen. Er wollte nicht hinnehmen, dass die Schwarzen von den Weißen abgesondert wurden und sogar die schlechtesten Wohnungen, die schlechtesten Schulen und die schlechtesten Arbeitsbedingungen hatten. In seinen Predigten und Reden forderte er immer wieder neue Gesetze. Viele Politiker hörten auf ihn. Für seinen Einsatz bekam er schließlich den Friedensnobelpreis.
Seine berühmteste Rede begann mit den Worten: „Ich habe einen Traum." Man sah in ihm einen neuen Mose, der sein Volk in die Freiheit führen wollte.
Doch seine Gegner machten ihm das Leben schwer: Er wurde beschimpft, bedroht und angegriffen. Im Alter von 39 Jahren fiel er einem Attentat zum Opfer.

- Wie ist es überhaupt möglich, dass es unmenschliche Gesetze gibt? Diskutiert!
- Schreibt selbst eine Rede über das Zusammenleben der Menschen: „Ich habe einen Traum ..."

Gott befreit

Mirjam erinnert sich:

Ich bin Mirjam, die Schwester des Mose und des Aaron. Ich habe mit meinen Brüdern und mit vielen anderen meines Volkes Israel in Ägypten gelebt. Wir waren Knechte und Sklavinnen des Pharao. Viele Jahre mussten wir als Bauarbeiter schuften. Große Befestigungsanlagen und Vorratslager mussten wir errichten. Zwar hatten wir zu essen und zu trinken, aber wir waren nicht frei. Gott, der Herr, hat unser Elend gesehen. Er hat unsere Klagen und Hilferufe gehört. Er hat uns Freiheit versprochen. Meinen Bruder Mose hat er zum Anführer auserwählt. Unter seiner Führung sollten wir losziehen. Bei Nacht und Nebel brachen wir auf, es musste alles sehr schnell gehen.
Was keiner für möglich hielt, geschah: Wir entkamen! Doch der Pharao befahl unsere Verfolgung mit seiner großen Streitmacht. Diese rückte immer näher. Die Errettung kam am Schilfmeer. Gott, der Herr, führte uns durch die Hand des Mose sicher hindurch. Unsere Verfolger blieben darin stecken und kamen um. Jetzt sind wir endlich frei! Wir sind keine Sklavinnen und Sklaven mehr! Gott, dem Herrn, wollen wir danken! Ihm wollen wir ein Lied singen! Ihm zu Ehren wollen wir tanzen!

Vgl. Ex 1-15

Singt Gott, jubelt ihm

T/M: Kathi Stimmer-Salzeder, Aschau

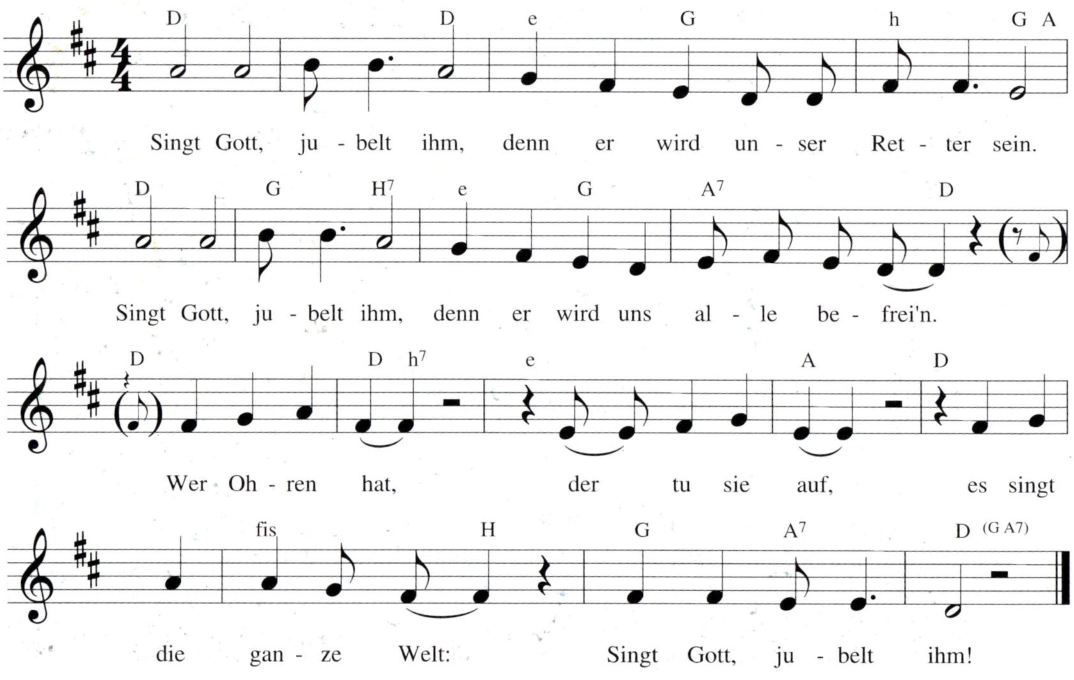

2. Komm, öffne deinen Mund,
du darfst nicht schweigen.
Zeig deine Freude, sing:
Singt Gott, jubelt ihm!

3. Wenn einer fragt,
geht hin und sagt:
Gott führt zur Freude hin,
singt Gott, jubelt ihm!

➤ Erzählt zu den Kirchenfenstern von der Errettung der Israeliten!

Erfahrungen auf dem Weg

Mirjam erzählt:

Der Weg in die Freiheit ist schwierig. Am Anfang bist du noch voller Begeisterung. Du hast ein Ziel vor Augen. Aber irgendwann führt der Weg durch die Wüste. Wüste – das bedeutet: sengende Hitze, brennender Durst und quälender Hunger. Am schlimmsten aber ist, dass du kein Ende siehst und nie weißt, wie lange es noch dauert, bis du am Ziel ankommst.
Die meisten von uns hatten sich den Weg in das Land, in dem Milch und Honig fließen, leichter vorgestellt. Kein Wunder, dass die erste Begeisterung schnell verschwand! Bald schon begannen die ersten gegen Mose zu murren: „Hättest du uns doch bloß in Ägypten zurückgelassen! Da bekamen wir wenigstens jeden Tag genügend zu essen." Die Gefangenschaft wäre ihnen lieber gewesen als der mühsame Weg in die Freiheit! Sie wollten einfach nicht begreifen, dass man das Ziel nur dann erreicht, wenn man vertraut und durchhält.
Wer weiß, was passiert wäre, wenn wir unterwegs nicht wohlschmeckende Manna-Körner gefunden hätten! Es gelang uns sogar Wachteln zu fangen, sodass wir nicht länger hungern mussten. War das etwa Zufall? Ich glaube fest, dass Gott sein Volk nicht im Stich lässt. Er schenkt uns jeden Tag, was wir zum Leben brauchen.
Und trotzdem ist es nicht leicht, ein Leben lang so zu vertrauen. Heute vertraust du, morgen zweifelst du wieder. Heute erfährst du, dass Gott bei dir ist, und morgen fragst du dich wieder: Wo ist er denn? Auf unserem Weg ins verheißene Land haben wir das selbst erlebt. Einige von uns haben sogar ein goldenes Stierkalb gebaut und es verehrt: Sie wollten einen Gott, den man sehen und mit Händen greifen kann.
Heute weiß ich, dass alle diese Erfahrungen wichtig waren. Durch sie haben wir gelernt, dass Gott immer für uns da ist und dass wir sein Volk sind. Er steht zu uns, auch wenn wir murren, ungeduldig werden und zu zweifeln beginnen. Er hält zu uns, auch wenn wir seine Weisungen vergessen und schwach werden. Sonst hätten wir am Ende das verheißene Land wohl nie erreicht.

Nach Ex 16 und Ex 32

- Sammelt Wörter, die die Erfahrungen der Israeliten auf ihrem Weg zum Ausdruck bringen.
- Verfasst daraus ein Elfchen.
- Lest im Buch Genesis, Kapitel 16 (*Meine Schulbibel* Nr. 34) den Text über das Brot vom Himmel.

Die Israeliten waren voller Hoffnung aus Ägypten aufgebrochen. Aber der Weg in die Freiheit war schwierig. Besonders als die Vorräte zu Ende gingen und sie in der Wüste Durst und Hunger litten, verloren sie ihre Zuversicht. Deshalb saßen die Stammesältesten abends zusammen um sich zu beraten, wie sie ohne Streit und Gewalt miteinander leben könnten.

- Überlegt, welche Regeln die Stammesältesten wohl festgelegt haben.
- Sammelt die verschiedenen Vorschläge und überlegt, welche Regeln zusammengehören.

Freiheit bewahren – Gottes Weisungen folgen

Auf ihrer Wanderung kamen die Israeliten in die Wüste Sinai. Dort schlugen sie ihr Lager auf, gegenüber dem hohen Gottesberg.
Mose stieg zu Gott hinauf. Da rief Gott ihm zu: Das sollst du den Israeliten verkünden: Ihr habt gesehen, was ich für euch getan habe. Ich habe euch wie auf Adlerflügeln getragen und hierher zu mir gebracht. Jetzt aber, wenn ihr auf meine Stimme hört und meinen Bund haltet, werdet ihr unter allen Völkern mein besonderes Eigentum sein. Ihr sollt mir gehören als ein heiliges Volk.
Das sind Worte, die du den Israeliten mitteilen sollst. *Nach Ex 19,1-6*

Ich bin Jahwe, dein Gott, der dich aus Ägypten geführt hat, aus dem Sklavenhaus. Um die Freiheit zu bewahren, gebe ich dir folgende Weisungen:

1. Du sollst neben mir keine anderen Götter haben. Du sollst dir kein Gottesbild machen und keine Darstellung von irgendetwas am Himmel droben, auf der Erde unten oder im Wasser unter der Erde. Du sollst dich nicht vor anderen Göttern niederwerfen und dich nicht verpflichten ihnen zu dienen.
2. Du sollst den Namen des Herrn, deines Gottes, nicht missbrauchen.
3. Gedenke des Sabbats: Halte ihn heilig! Sechs Tage darfst du schaffen und jede Arbeit tun. Der siebte Tag ist ein Ruhetag, dem Herrn, deinem Gott, geweiht. An ihm darfst du keine Arbeit tun. Denn in sechs Tagen hat der Herr Himmel, Erde und Meer gemacht und alles, was dazugehört; am siebten Tag ruhte er. Darum hat der Herr den Sabbat-Tag gesegnet und ihn für heilig erklärt.
4. Ehre deinen Vater und deine Mutter, damit du lange lebst in dem Land, das der Herr, dein Gott, dir gibt.
5. Du sollst nicht morden.
6. Du sollst nicht die Ehe brechen.
7. Du sollst nicht stehlen.
8. Du sollst nicht falsch gegen deinen Nächsten aussagen.
9. und 10.
Du sollst nicht nach dem Haus deines Nächsten verlangen. Du sollst nicht nach der Frau deines Nächsten verlangen, nach seinem Rind oder seinem Esel oder nach irgendetwas, das deinem Nächsten gehört.

Nach Ex 20,1-17

- Findet heraus, warum die Weisungen 1-3 und 4-10 zusammengehören!
- Vergleicht sie mit den Regeln, die ihr für das Zusammenleben von Menschen aufgestellt habt.
- Menschen suchen immer wieder nach eigenen Formulierungen, um Gottes Weisungen für sich zu erklären. Versucht es selbst! Rechts findest du zwei Beispiele.

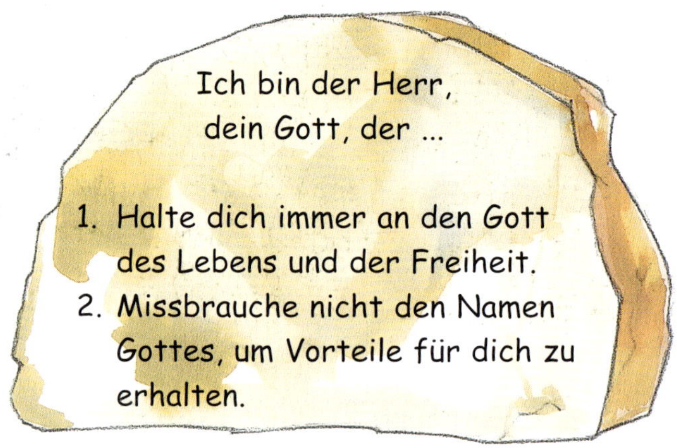

Was die Gebote zusammenhält

Die Zehn Gebote Gottes sind keine fertigen Anleitungen. In den verschiedenen Situationen des Lebens müssen wir selber mitdenken und entscheiden, welches Handeln richtig ist. Im Neuen Testament finden wir dazu wichtige Orientierungshilfen. Bei Matthäus lesen wir:

Alles, was ihr also von anderen erwartet, das tut auch ihnen!

Mt 7,12

➤ Überlegt, warum dieser Satz Jesu „Goldene Regel" genannt wird.

Eine vierte Klasse hat über diesen Satz nachgedacht und sich gefragt:
Was erwarte ich von den anderen?
Was dürfen andere von mir erwarten?

➤ Gestalte eine Blume mit deinen Erwartungen und Angeboten.

Matthäus erzählt eine Geschichte, die eine weitere wichtige Orientierungshilfe enthält:
Eines Tages kamen einige Gesetzeslehrer zu Jesus. Sie wollten ihn auf die Probe stellen und fragten ihn: „Meister, welches Gebot ist das wichtigste?" Jesus antwortete:

„Du sollst den Herrn, deinen Gott, lieben mit ganzem Herzen, mit ganzer Seele und mit all deinen Gedanken. Das ist das wichtigste und erste Gebot. Ebenso wichtig ist das zweite: Du sollst deinen Nächsten lieben wie dich selbst.

Diese beiden Gebote halten alle Gebote zusammen."

Nach Mt 22,34-40

Ein Schriftsteller erzählt ein Erlebnis aus seiner Kindheit:

Wir waren bei meiner alten, zierlichen Tante Agnes zu Besuch: Die Erwachsenen erzählten Witze und es wurde viel gelacht. „Na, Agnes, willst du nicht auch einen erzählen?", fragte Vater. Ich wusste, was jetzt kommen würde: Tante Agnes kannte nur einen einzigen Witz und ich hatte ihn mir schon so oft anhören müssen, dass ich gar nicht mehr darüber lachen konnte. Meistens war sie jedoch sehr still, wenn wir bei ihr eingeladen waren. Vater sagte immer, dass sie in ihrem Leben schon viel Schweres mitgemacht und nur wenig zu lachen hatte.

„Ach Gott", meinte Tante Agnes schließlich zaghaft, „den Witz vom Pumuckelskopf kennt ihr ja schon alle ..." „Aber nein!", riefen die Erwachsenen. „Und wenn, dann habe ich ihn vergessen!", sagte mein Vater. Nur ich rief sieghaft und wissend: „Doch, doch! Du hast ihn uns doch erst vor acht Tagen erzählt!"
Tante Agnes wurde rot, aber mein Vater wurde ganz blass und alle wurden still. Niemand lachte mehr und dann stand Tante Agnes unter dem Vorwand auf, neuen Kaffee holen zu müssen. Als sie fort war, erhob sich auch mein Vater. „Komm mal mit, mein Junge!", sagte er zu mir und nahm mich beiseite um mit mir zu reden.

Hermann Mostar

➤ Überlegt euch, wie das Gespräch zwischen Vater und Sohn weitergegangen sein könnte.

Die soll doch selbst aufpassen!

VERKÄUFERIN: Na, meine Herren, habt ihr schon gefunden, was ihr sucht?
DANIEL: Ja, hier, dies Auto möchte ich haben.
VERKÄUFERIN: Schön, macht 3,95 Euro.

Man hört die Kasse klingeln.

VERKÄUFERIN: So, da ist dein Restgeld. Verlier es nur nicht.
DANIEL: Keine Angst. Und vielen Dank! Auf Wiedersehen!
REINER *und* VOLKER: Wiedersehen!
VERKÄUFERIN: Auf Wiedersehen!

Türöffnen und -schließen.

REINER: Wo gehen wir jetzt hin?
DANIEL: Warte mal, ich muss das Geld noch wegstecken. – Mensch guck mal, die hat mir drei Euro zu viel 'rausgegeben.
VOLKER: Drei Euro? Glaub ich nicht.
REINER: Du kannst wohl nicht rechnen. Zähl noch mal nach!
DANIEL: Ich bin doch nicht blöd. Hier! 3,95 hat das Auto gekostet. Zehn habe ich gehabt, und jetzt habe ich noch neun Euro fünf.
VOLKER: Wirklich, drei Euro zu viel.
REINER: Du, davon kannst du uns ein Eis spendieren.
VOLKER: Ja, das ist prima bei dieser Hitze.
DANIEL: Aber ... sollte ich das Geld nicht zurückgeben?
VOLKER: Du spinnst wohl! Die soll doch aufpassen. Hat selber Schuld, wenn sie dir zu viel gibt.
DANIEL: Na ja, stimmt schon. Was meinst du, Reiner?
REINER: Weiß nicht. Eigentlich hätte ich gern ein Eis. Aber neulich hat meine Mutter mir erzählt, wenn eine Verkäuferin falsch 'rausgibt, muss sie von ihrem eigenen Geld bezahlen.
VOLKER: Aber was sind für die schon drei Euro?
DANIEL: Und wenn sie öfter zu viel 'rausgibt?
VOLKER: Muss eben aufpassen.
REINER: Ja, wenn es 30 € oder so wären, würde ich es vielleicht zurückgeben, aber wegen drei ...
VOLKER: Außerdem gehört ihr der Laden und die verdient genug. Komm schon!
DANIEL: Ich weiß nicht recht. Eigentlich ist es doch egal, ob es drei oder 30 € sind. Und es ist auch egal, ob sie Verkäuferin ist oder ihr der Laden gehört. Mein Geld ist es jedenfalls nicht.
REINER: Ach, sei kein Frosch! Komm Eis essen. Das nächste Mal bringst du es eben zurück.

Ein Riese warf einen Stein

Ein Riese
warf einen Stein.
Gänge und viele Zimmer stürzten ein.
Hunderte brachen ein Bein.
Zwei Dutzend brachen das Genick.
Andere hatten Glück.

Der Stein
hatte wie eine Bombe eingeschlagen.
Zusammengebrochen
ist das Werk vieler Wochen.
Doch schon rennen Tausende herbei.
Tote werden weggetragen.
Man zieht, zerrt, schleppt Trümmer,
baut neu:
neue Gänge,
neue Zimmer.

Doch im Getümmel
hört man da und dort einen sagen:
„Solch ein Lümmel!"

Wer war der Verbrecher?
Wer?
Ein Junge.
Was dachte sich der?
Nicht viel.
Er warf nur zum Spiel
den Stein
auf den Ameisenhaufen.

Josef Guggenmos

Peters Vater sitzt heute sehr nachdenklich beim Abendessen. Er hat von seiner Firma das Angebot bekommen in einer Abteilung im Hauptwerk zu arbeiten. Er wird dann mehr verdienen. Wenn er die Stelle nimmt, könnte er die Schulden für das neue Haus schneller abbezahlen. Allerdings liegt das Hauptwerk in der 50 km entfernten Großstadt. Außerdem wird dort im Schichtbetrieb gearbeitet, sieben Tage in der Woche, damit die Maschinen besser ausgelastet sind. Peters Vater müsste an jedem zweiten Sonntag arbeiten. Nach dem Abendessen diskutiert die Familie lang.

Marions Fahrrad wurde aus der Fahrradhalle der Schule gestohlen. Die Versicherung fragt nach, ob das Fahrrad abgeschlossen war, nur dann besteht ein Versicherungsschutz. Das Fahrrad war nicht abgeschlossen. Doch das weiß außer Marion niemand.

- Was hättest du der Versicherung geantwortet? Begründe deine Entscheidung.

Woran du dein Herz hängst
und worauf du dich verlässt,
das ist eigentlich dein Gott.

Martin Luther

- Einige Texte erzählen davon, wie Menschen vor schwierige Entscheidungen gestellt werden. Spielt die Situationen und sucht nach Lösungen.
- Bringt die Texte und Bilder mit Gottes Weisungen in Verbindung.

Gottes Weisung ist ...

- Schreibt jede der zehn Weisungen auf ein Blatt. Besorgt euch Holz- oder Legosteine. Jede Schülerin, jeder Schüler erhält drei Steine.
- Überlege, welche drei Weisungen du selbst für ganz wichtig hältst. Leg deine Steine zu diesen Weisungen.
- Wenn alle Steine verteilt sind, seht ihr, bei welchen Weisungen die meisten Steine liegen. Diskutiert euer Ergebnis.
- Überlegt euch Situationen, in denen die anderen Weisungen wichtig sind.

Bildworte zeigen, wie Menschen Gottes Weisungen schätzen:

... mehr als großer Besitz.
Ps 119,14

... Honig für meinen Mund.
Ps 119,103

... wie Licht in der Nacht

T: Hans-Hermann Bittger
M: Joseph Jacobsen 1935

... meinem Fuß eine Leuchte.
Ps 119,105

... ein Licht für meine Pfade.
Ps 119,105

2 Dem Leben vertrauen können

Zufall

Wenn statt mir jemand anderer
auf die Welt gekommen wär.
Vielleicht meine Schwester
oder mein Bruder
oder irgendein fremdes blödes Luder -
wie wär die Welt dann,
ohne mich?
Und wo wäre denn dann ich?
Und würd mich irgendwer vermissen?
Es tät ja keiner von mir wissen.
Statt mir wäre hier ein ganz anderes Kind,
würde bei meinen Eltern leben
und hätte mein ganzes Spielzeug im Spind.
Ja, sie hätten ihm sogar
meinen Namen gegeben!

Martin Auer

Universum im Universum

BETTINA: Vati, was ist denn hinter dem Himmel?

VATER: Da ist das Universum, von dem wir nicht wissen, wo es ein Ende hat und ob es überhaupt ein Ende hat - ein Raum, in dem unzählige Sonnen und Planeten kreisen.

BETTINA: Gibt es denn mehr als eine Sonne?

VATER: Es gibt zahllose Sonnen. Wir können nur nicht alle sehen. Und es gibt Milliarden von Planeten, kleiner und größer als unsere Erde.

BETTINA: Aber wie können die denn alle noch Platz im Universum haben? Unsere Erde ist doch so riesig!

VATER: Das scheint uns nur so, weil wir viel kleiner als die Erde sind. Unser Planet, auf dem wir uns zu Hause fühlen, ist nur wie ein Staubkorn im Universum.

BETTINA: Wie ein Staubkorn? Wie groß muss da das Universum sein! Aber wir sind genau in seinem Mittelpunkt, nicht wahr?

VATER: Wir wissen nicht, wo der Mittelpunkt des Universums ist. Von dir aus gesehen bist jedenfalls du der Mittelpunkt.

BETTINA: Wenn aber unsere Erde nur ein Staubkorn mitten im Universum ist - was sind dann wir?

VATER: Es kommt darauf an, wie man's betrachtet. Im Universum sind wir fast ein Nichts.

BETTINA: Ach ...!

VATER: Aber vergiss nicht, dass wir aus unzähligen kleinen und kleinsten Teilchen bestehen, so kleinen Teilchen, dass man sie nicht einmal mehr mit bloßem Auge sehen kann. Für jedes dieser Teilchen sind wir ein Universum.

BETTINA: Also bin ich ein Universum im Universum?

VATER: So ist es. Und dein kleinster Blutstropfen ist wieder ein Universum in dir.

BETTINA: Da wird einem ja ganz schwindlig, Vati!

VATER: Du kannst ganz ruhig sein, wir sind gewollt. Ganz bestimmt sind wir gewollt und eingepasst als Teil einer großen Ordnung. Du kannst nie ins Nichts fallen.

Gudrun Pausewang

Innendrin

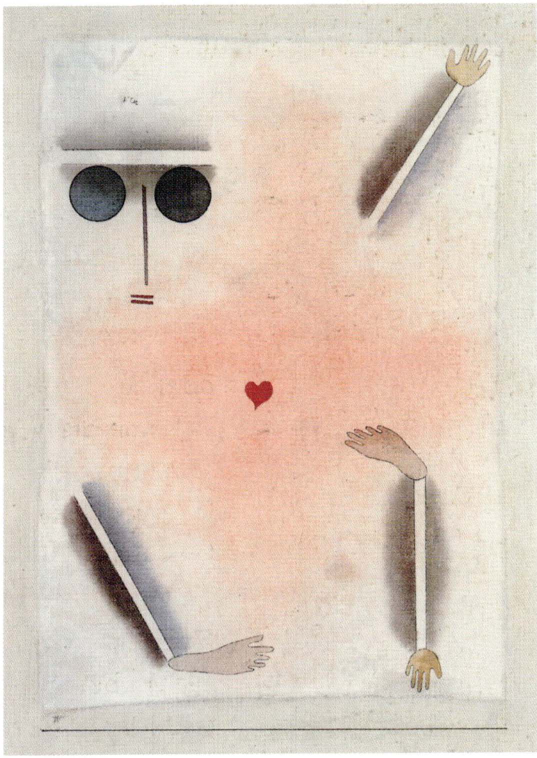

Langsam beschlägt der Spiegel. Ganz heiß und nass und rot vom Baden steht Dieter davor und betrachtet sein Spiegelbild. Die schmale Jungenbrust, den flachen Bauch, die zerschundenen Knie. Wie unförmig seine Füße direkt von vorne aussehen!
Blutkreislauf. Herz. Leber. Lunge. Niere. Vorhin hat er das alles mit Buntstiften säuberlich in sein Bioheft gemalt. Aber das soll alles in ihm drin sein?
In dem dicken Medizinbuch hat er am hinteren Buchdeckel einen ausklappbaren Menschen entdeckt. Vom Hals bis zu den Beinen klappt die Haut weg und zeigt das Innendrin. Schön nach-, neben-, vor- und hintereinander, wie es im Körper zu sein hat. An Armen und Beinen sieht man die Adern, Muskeln und Knochen unter der Haut. Durch den Mund kann man in den Hals sehen. Und der ganze obere Kopf liegt offen, wenn man die Haare zurückschlägt, und zeigt das Innere der Ohren, die Augäpfel und das, was hinter ihnen ist.
Langsam streicht Dieter über seine heraussteHenden Rippen. Wischt den Beschlag vom Spiegel und streicht dem Bild darin über die Brust. Er würde gerne sehen, ob in ihm auch alles so ist. Es muss wohl, denn sonst wäre er krank. Aber er kann es einfach nicht glauben, würde sich auch gerne so aufklappen wie den Papiermenschen. Es wäre sowieso viel besser, wenn er vom Hals bis zu den Beinen einen Reißverschluss hätte. Den könnte er einfach aufziehn und sich innen drin begucken. Falls er mal operiert werden müsste, brauchte man ihm nicht einmal den Bauch aufzuschneiden. Ich bin eingeschweißt in meine Haut wie die Salatgurken, denkt Dieter. Je länger er sich betrachtet, desto unwahrscheinlicher kommt es ihm vor, dass unter dieser glatten Oberfläche Sehnen, Muskeln, Eingeweide liegen. Warum gerät nichts in Unordnung, wenn er einen Kopfstand macht?
Dieter greift nach dem Handtuch und rubbelt sich trocken. Wie wunderbar ist es doch eingerichtet, dass überall die Haut ist. Und wie wäre das erst, wenn er beim Essen kauen, schlucken würde und dann sagen müsste: „Speiseröhre, los, schick den Kram zum Magen!" Und dem Magen: „Vorwärts. Jetzt verdaue! Aber ordentlich. Behalte das, was für mich wichtig ist, und den Rest schick in die Därme!" Und den Därmen dann: „Na, schneller. Es wird langsam Zeit, dass ich aufs Klo gehe, schneller!"
Er müsste dem Blut befehlen: „Fließe!" Der Lunge: „Atme!" Dem Herzen: „Klopfe!" Bestimmt würde er die Hälfte vergessen. Und dann ...
Es ist gut so, dass alles von selbst geht. Sein Blut fließt. Er atmet. Sein Herz klopft. Langsam zieht Dieter sich an. Er zieht nicht nur sich an, sondern noch einen zweiten, so scheint ihm, der in ihm drin ist. Den er nicht kennt, von dem er nichts weiß, der aber macht, dass er lebt.

Susanne Kilian

Du hast mein Inneres geschaffen,
mich gewoben im Schoß meiner Mutter.
Ich danke dir, dass du mich so wunderbar gestaltet hast!

Ps 139,13-14

Was mich ausmacht

Ich habe starke Seiten ...

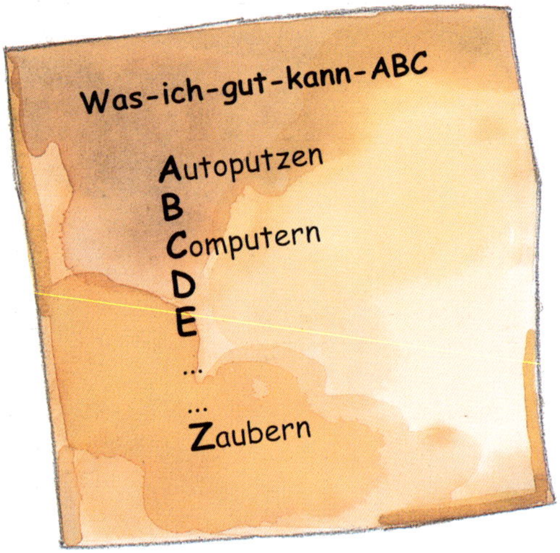

... und auch schwache.

Vielleicht hast du sogar Fähigkeiten, von denen du noch gar nichts weißt!

➤ Gestalte dein eigenes Wappen mit Eigenschaften und Fähigkeiten, die für dich typisch sind. Ob die anderen dich an deinem Wappen erkennen?

➤ Vergleicht die Wappen von Mädchen und Jungen!

Ich habe ...

Sieben Seelen

Ich will euch erzählen
von meinen sieben Seelen.
Die erste ist fleißig,
die zweite ist faul,
die dritte will reden,
die vierte hält's Maul,
die fünfte ist feige,
die sechste hat Mut,
die siebente mahnt sie:
Nun vertragt euch mal gut!
Meine sieben Seelen
sind so verschieden
wie du und ich.
Und doch ergeben sie
zusammen:
mich.

Roswitha Fröhlich

Ich bin ich ...

T: Rolf Krenzer/M: Siegfried Fietz © Abakus, Greifenstein

2. Von vielen Millionen,
die auf dieser Welt wohnen,
ist kein einziger doppelt
oder doppelt gemoppelt,
sieht kein einziger Klaus
wie ein anderer aus.
Es gibt dich und mich!
Ich seh aus wie ich!
Und ich bin einmalig ...

3. Meine Schuh, meine Kleider,
meine Jeans und so weiter
werden, muss ich's euch sagen,
von vielen getragen.
Und so läuft jeder drum
grad wie ich hier herum.
Aber täuscht euch nicht:
Ich seh aus wie ich!
Und ich bin einmalig ...

4. Jeder Floh, jeder Affe,
Hund und Katz, die Giraffe,
jeder Fisch, jeder Zeisig,
jedes Tier, ja, das weiß ich,
jeder Halm, jeder Baum
– und begreift man es kaum –
ist so einmalig,
grad wie du und ich!
Und ich bin einmalig ...

5. Gott hat mir mein Leben
und mein Aussehn gegeben.
Was ich liebe und hasse,
was ich tu, was ich lasse,
was ich träume und kann,
wer ich bin! Schau mich an!
Nicht verwechselbar!
Gott ist wunderbar!
Und ich bin einmalig ...

Manchmal möchte ich anders sein

Manchmal träume ich von mir ...

Wenn ich Zeit zum Träumen habe,
träum ich manchmal auch von mir
und was ich im Traum mir wünsche,
das erzähl ich dir:

Ich möchte eine Wolke sein
am hohen Himmelszelt.
Sie zieht vorüber, schwebt dahin,
so wie es ihr gefällt.

Ich möchte eine Blume sein,
auf einer Wiese stehn.
Mein wunderschönes Blütenkleid
kann jeder leuchten sehn.

Ich möchte gern ein Baum mal sein,
der Stamm sei stark und fest
und in den Zweigen bauen sich
die Vögel gern ihr Nest.

Ich möchte gern ...

Ich kann nicht dichten
wie Goethe.
Ich kann nicht komponieren
wie Mozart.
Ich kann nicht logisch denken
wie Einstein.
Ich bin nicht mutig
wie Ronja Räubertochter.
Ich kann nicht malen
wie Picasso.
Ich kann nicht Auto fahren
wie Michael Schumacher.
Ich bin nicht so stark
wie Mutter Teresa.

Aber ich kann ...

Nach Siglinde Preitz

Werbung verspricht ...

Damit du groß 'raus kommst!
SPRINTER. Die Siegerschuhe.

Be strong!

... und dir geht es gut!

➤ Wie denkt ihr darüber?

Der berühmte Don Bosco beim Friseur

SPRECHER: Don Bosco tritt in eines der größten Friseurgeschäfte ein, die es in der Großstadt Turin gibt.

DON BOSCO: Guten Morgen, ich hätte gerne die Haare geschnitten.

FRISEUR: Oh, Don Bosco, welche Ehre für unser Geschäft! Haben Sie bitte etwas Geduld. Nehmen Sie noch kurz Platz, ich bin gleich fertig, dann kommen Sie dran.

SPRECHER: Don Bosco sieht einen schüchternen Lehrling da stehen, der ihn ganz ängstlich anschaut. Da sagt er:

DON BOSCO: Ich habe große Eile, ich habe wirklich keine Zeit. Bedienen Sie nur den Herrn, mir kann dieser Junge die Haare schneiden und mich auch rasieren. Nicht wahr, mein Junge?

LEHRLING: Ah, äh ... ich weiß nicht. Der Chef sagt, ich wäre ungeschickt und ... Sie sind der berühmte Don Bosco. Meine Freunde haben mir schon ganz viel von Ihnen erzählt ...

FRISEUR: Um Gottes Willen! Lieber Don Bosco, dieser Trottel da stellt sich viel zu dumm an. Das kann ich nicht zulassen. Warten Sie lieber, bis ich fertig bin.

SPRECHER: Da nimmt Don Bosco den beschämten Jungen in Schutz und sagt:

DON BOSCO: Ach was, mir scheint, das kann dieser Junge schon. Sie würden mir eine große Freude machen, wenn Sie ihm gestatten, dass er an mir seine ersten Versuche macht. Sie werden sehen, es wird alles ganz gut klappen.

SPRECHER: Dem Jungen treten Schweißperlen auf die Stirn, so aufgeregt ist er. Don Bosco spürt das und sagt zum Jungen:

DON BOSCO: Komm her, mein Junge. Zeig, was du kannst. Ich bin überzeugt, dass dein Meister seine Meinung über dich ändern wird.

LEHRLING: Ich weiß nicht, bis jetzt durfte ich hier nur fegen und ab und zu mal jemandem die Haare waschen. Vielleicht wird der Chef jetzt sehr böse. Aber Sie wollen es ja und so will ich mein Bestes geben.

SPRECHER: Lange schneidet der ungeübte Lehrling an den Haaren von Don Bosco. Auch das Rasieren geht ihm natürlich nicht so einfach von der Hand. Als er fertig ist, schaut er Don Bosco unsicher an.

DON BOSCO: Du hast mir die Haare sehr schön geschnitten und mit der Rasur bin ich auch zufrieden. Das nächste Mal werde ich mich nur noch von dir bedienen lassen.

LEHRLING: Don Bosco, Sie sind super! Vielen Dank. Ich werde jedem erzählen, dass ich Sie als Kunde hatte.

SPRECHER: So froh und glücklich ging der Junge noch nie nach Hause wie an diesem Tag.

- Erzählt von Situationen, in denen euch solche Sätze geholfen haben: „Das traue ich dir zu ...", „Das kannst du auch ..."
- Don Bosco* wendet sich nach dem Vorbild Jesu wenig geachteten Menschen zu. Suche dazu Beispiele aus dem Leben Jesu!

Auf wen kann man sich verlassen?

BEN: Esther, Esther, komm schnell heraus, ich habe eine wichtige Neuigkeit!

ESTHER: Was machst du denn für ein Geschrei, so etwas Wichtiges kann es doch gar nicht geben, dass man so einen Lärm machen muss. Und außer Atem bist du ja auch!

BEN: Hör mir doch erst mal zu! Für heute Abend ist ein Treffen aller Erwachsenen vorgesehen. Abraham will unsere Heimat hier verlassen und wegziehen. Er stellt es unseren Eltern und den anderen Familien frei, ob sie mit ihm ziehen wollen oder nicht.

ESTHER: Aber warum sollen wir hier weg? Mir gefällt es hier. Es gibt genug Weiden für die Tiere, ausreichend zu essen für alle. Und wir Kinder können ohne Furcht vor wilden Tieren draußen spielen.

BEN: Ich verstehe das auch nicht! Abraham ist doch sonst immer so ruhig und besonnen. Aber da kommt Tante Sara, die weiß bestimmt mehr!

ESTHER: Schalom, Tante Sara, hat Onkel Abraham dir erzählt, warum er von hier weg will?

SARA: Ja, natürlich! Hört her: Gestern Nacht ist Abraham aufgewacht, weil er einen eigenartigen Traum hatte. Er hat ganz deutlich eine Stimme gehört, die gesagt hat: „Abraham, zieh fort von hier in ein Land, das ich dir zeigen werde! Ich werde dich zum Stammvater eines großen Volkes machen. Deine Nachkommen werden so zahlreich sein wie die Sterne am Himmel. Vertraue auf mich! Ich werde dich segnen und du sollst ein Segen sein. Ich werde meine Hand schützend über dich halten."

BEN: Was soll das heißen „Ich will dich segnen und du sollst ein Segen sein"?

SARA: Das weiß ich auch nicht so genau. Aber Abraham und ich sind uns sicher, dass diese Stimme Gottes Stimme war und dass Gott es gut mit uns meint. Wir haben die ganze restliche Nacht über den Traum gesprochen und sind uns sicher, dass wir es wagen können. Gott ist bei uns, alles wird gut gehen. Deshalb soll heute Abend die Versammlung sein, denn Abraham will niemanden zwingen mitzugehen. Wer will, kann hier bleiben, denn es ist sicherlich ein langer und gefährlicher Weg. Aber jetzt muss ich gehen und Vorbereitungen für die Versammlung treffen. Schalom!

ESTHER: Was meinst du dazu, Ben? Abraham ist ganz schön mutig! Wie sich wohl unsere Eltern entscheiden werden?

- Die Heimat verlassen – was bedeutet das für Esther und Ben?
- Abraham* traut sich zu seine Heimat zu verlassen ...
- Lies nach in Genesis 12,1-7 (*Meine Schulbibel* Nr. 8).

Steh auf ...

T: Thomas Laubach/M: Thomas Quast © tvd-Verlag, Düsseldorf

Wenn du nicht wärst ...

zuhören

Vertrauen haben

Wenn du nicht wärst,
dann hätte ich keinen,
mit dem ich Sammelbilder tauschen könnte.
In der großen Pause wäre ich allein.
Wer würde zu mir halten,
wenn mich die Großen aus der 6a ärgern?
Ich könnte auch keinem sagen,
dass ich in Mathe eine Fünf habe;
die anderen würden es ja überall
herumerzählen.
Zu wem könnte ich gehen,
wenn ich mit den Hausaufgaben fertig bin?
Ich freu mich jedes Mal,
wenn du mich fragst,
„Hast du am Nachmittag Zeit?"
Meistens spielen wir dann Kicker
oder wir fahren mit den Rädern herum.
Ohne dich wäre es ganz schön langweilig!

verstehen

streiten

Geheimnisse haben

sich freuen

➤ Denke an einen Menschen, der für dich sehr wichtig ist. Schreibe weiter: „Wenn du nicht wärst, dann ..." Die Worte am Rand können dir dabei helfen.

Ein treuer Freund ist wie ein festes Zelt;
wer einen solchen findet, hat einen Schatz gefunden.
Für einen treuen Freund gibt es keinen Preis,
nichts wiegt seinen Wert auf.

Sir 6,14-15

- Achtet genau auf die Körperhaltung der beiden Menschen. Versucht das Bild zu zweit nachzustellen. Erzählt euch anschließend, was ihr empfunden habt.
- Erstellt Gedanken- und Sprechblasen!
- Gestaltet eine Karte mit den Sätzen aus dem Buch Jesus Sirach. Ihr könnt sie einem Freund oder einer Freundin schenken.
- Sucht selbst weitere Vergleiche: Ein treuer Freund, eine gute Freundin ist wie ...

Wenn es wirklich gefährlich wird

Der Evangelist Markus lebte zu einer Zeit, in der Menschen verfolgt und verurteilt wurden, wenn sie sich zum Glauben an Jesus bekannten. Für sie hat er die Geschichte vom Seesturm aufgeschrieben:*

Der Sturm auf dem See
Am Abend sagte Jesus zu seinen Jüngern: Wir wollen ans andere Ufer hinüberfahren. Sie schickten die Leute fort und fuhren mit ihm in dem Boot, in dem er saß, weg; einige andere Boote begleiteten ihn.
Plötzlich erhob sich ein heftiger Wirbelsturm und die Wellen schlugen in das Boot, sodass es sich mit Wasser zu füllen begann. Er aber lag hinten im Boot auf einem Kissen und schlief. Sie weckten ihn und riefen: Meister, kümmert es dich nicht, dass wir zugrunde gehen?
Da stand er auf, drohte dem Wind und sagte zu dem See: Schweig, sei still!
Und der Wind legte sich und es trat völlige Stille ein.
Er sagte zu ihnen: Warum habt ihr solche Angst? Habt ihr noch keinen Glauben?

Mk 4,35-40

Wenn du durchs Wasser schreitest,
bin ich bei dir,
wenn durch Ströme,
dann reißen sie dich nicht fort.
Wenn du durchs Feuer gehst,
wirst du nicht versengt,
keine Flamme wird dich verbrennen.
Weil du in meinen Augen
teuer und wertvoll bist
und weil ich dich liebe.

Jes 43,2.4a

„Ich verliere den Boden unter den Füßen."

„Das Wasser steht mir bis zum Hals."

- In welchen Situationen reden Menschen so?
- Ihr könnt die Geschichte vom Seesturm mit Orff-Instrumenten verklanglichen.
- „Kümmert es dich nicht, dass wir zugrunde gehen?" – Welche weiteren Fragen fallen euch ein, die Menschen an Gott richten, wenn sie in großer Not sind?

Wenn wir nicht wären ...

Unsere Lehrerin hat uns in den Unterricht Materialien von der MISEREOR*-Kinderaktion mitgebracht. So haben wir uns mit dem Leben von Straßenkindern in Indien beschäftigt. Das war wirklich interessant und hat uns sehr betroffen gemacht. Wir waren uns einig: Wie diese Kinder leben, das sollten noch viel mehr Menschen erfahren. Und wir haben beschlossen, dass wir das MISEREOR-Hilfsprojekt für Straßenkinder mit einer Aktion an unserer Schule unterstützen wollten.
Aber wie?
Zunächst haben wir einfach aufgeschrieben, was jede und jeder Einzelne in der Klasse gut kann. Dabei sind auch schon die ersten Ideen entstanden: Einige, die gut Theater spielen konnten, wollten einige Szenen aus dem Alltag der indischen Straßenkinder einüben. Andere haben ganz verschiedene Bastelarbeiten hergestellt: selbst gemalte Osterkarten, Wäscheklammern mit lustigen Schmetterlingen und Gesichtern zum Anstecken und viele andere Sachen. Eine Gruppe hat ein indisches Tanzlied einstudiert. Beim Elternsprechtag haben wir einen Stand aufgebaut mit unseren Bastelarbeiten und den Eltern das Theaterstück und den Tanz vorgeführt. So haben wir über 100 Euro verdient für die Straßenkinder.
Dieser Erfolg hat uns angespornt und wir haben gleich neue Pläne geschmiedet. Jemand hatte die Idee, wir könnten einen Kuchenverkauf in der Schule organisieren. Alle waren Feuer und Flamme. Plätzchen und verschiedene Kuchensorten wurden in der Freizeit gebacken, fast ohne Elternhilfe. Die Computerfreaks haben die Rezepte getippt. Das gemeinsame Backen und Verkaufen hat viel Spaß gemacht. Die Kuchen haben allen Kindern und Lehrern gut geschmeckt. Und für die indischen Straßenkinder ist noch einmal ein Betrag von 150 Euro zusammengekommen. Als sogar in der Zeitung von unserer Aktion berichtet wurde, waren alle Lehrer stolz auf unsere Klasse und wir natürlich auch auf uns.

Das Zeitungsfoto zeigt eine Schülerin, die der indischen Projektleiterin ein Freundschaftsbändchen umbindet.

- Überlegt, wofür und wie ihr eure Fähigkeiten einsetzen wollt!
- Anregungen zu Projekten, die Kinder durchführen können, findet ihr im Internet z. B. unter www.misereor.de oder www.blinde-kuh.de.
- Stellt dazu für eure Klasse ein „Was-wir-alles-können-ABC" zusammen!

A austragen
B Baby sitten
Bilder malen
Blumen gießen
C Computer benutzen
...

Was mein Leben schön macht

T: Gerhard Schöne/M: Jüdische Weise

- Gestalte deinen Namen mit Farben und Formen, sodass er etwas von dir erzählt. Die Einzelarbeiten könnt ihr zusammenfügen und aufhängen.
- Bittet eure Lehrerin oder euren Lehrer eine Fantasiereise anzuleiten: „Wenn ich einmal groß bin ...". Vielleicht möchtest du ein Bild von der Reise in dein Ich-Buch malen?
- Bastelt ein Danke-Mobile. Es entsteht aus farbigen Papieren, auf die ihr geschrieben habt: „Wofür ich dankbar bin."
- Schreibt Gedichte darüber, was euer Leben schön macht.
  Mit dem Bauplan des Rondel-Gedichtes ist das ganz einfach.
  Ein Rondel-Gedicht besteht aus **8 Zeilen**, die sich nicht reimen müssen.
  Die **erste**, **vierte** und **siebte Zeile** sind gleich. Hier kannst du zum Beispiel das Thema oder den wichtigsten Gedanken dreimal hineinschreiben.
  Die **zweite** und **achte Zeile** sind gleich.
  Nur die **dritte**, **fünfte** und **sechste Zeile** sind verschieden.
- Begleitet den Kanon mit passenden Geräuschen und Gebärden.

3 Offen werden füreinander

Über Gott und die Welt nachdenken

„Ich glaube, dass ich in der Bibel viele Beispiele finde, wie ich gut und friedlich mit anderen auskommen kann."

Thomas aus Deutschland

„Ich glaube daran, dass meine Seele nach dem Tod wiedergeboren wird. In welchem Lebewesen sie weiterlebt, hängt davon ab, wie gut oder wie böse ich als Mensch gelebt habe."

Raitoo aus Indien

*Wie kommt es,
dass die Sterne
nicht vom Himmel
fallen?*

„Ich glaube, dass es im Leben wichtig ist, sich ganz Gott hinzugeben. Deshalb lese ich sehr oft im Koran. Er gibt mir viele Hilfen für den Alltag."

Leyla aus Ägypten

*Warum sind
die Menschen
oft böse zueinander?*

*Woher weiß ich,
wie ich leben soll?*

„Ich versuche jeden Tag ein paar Minuten still zu sein und meine Gedanken zu sammeln. Dies soll mir helfen, wie Buddha* meine überflüssigen Wünsche aufgeben zu können."

Nikkyo aus Japan

In den Religionen Antworten finden

Vernimm, o Gott,
mein Beten,
verbirg dich nicht
vor meinem Flehen!
Ich aber,
zu Gott will ich rufen,
der Herr wird mir helfen.
Am Abend, am Morgen,
am Mittag seufze ich
und stöhne,
er hört mein Klagen.
Er befreit mich,
bringt mein Leben in Sicherheit.

Ps 55,2.17-19

So soll der handeln,
der das Heil anstrebt:
Er soll den Geist
von allen Wünschen frei halten.

Aus einer heiligen buddhistischen Schrift

➤ Beschreibt, wie Menschen Gott verehren.

Du, Shiva,
bist die Sonne,
du bist der Mond,
du bist der Wind,
du bist das Wasser,
du bist der Himmel,
du bist die Erde,
du bist die Seele der Welt!

Aus einer heiligen hinduistischen Schrift*

Gelobt sei Gott,
der Herr der Welten!
Der Allbarmherzige,
der Erbarmer,
der König des Gerichtstages.
Dir dienen wir,
dich rufen wir um Hilfe an.
Führe uns den geraden Weg,
den Weg derer, denen du gnädig bist,
derer, denen du nicht zürnst,
und derer, die nicht irregehn.

Koran, Sure 1*

GL ö 266

Muslime glauben an Allah ...

Claudia und Aylin sind seit dem Kindergarten Freundinnen, in der Schule sitzen sie nebeneinander und verbringen fast ihre ganze Freizeit zusammen. Vor kurzem hat Aylins Familie die Geburt des kleinen Bruders

Achmed gefeiert und dazu auch Claudia und ihre Eltern eingeladen. Als Claudia mit ihren Eltern die Wohnung betritt, fällt ihr auf, dass Aylins Mutter und ihre Tanten Kopftücher tragen. Claudia wundert sich. Aylin sagt: „Viele Frauen tragen bei uns auf der Straße und wenn Gäste da sind ein Kopftuch."

Da Claudia kein Türkisch versteht, erklärt Aylin ihr alles. „Kurz nach der Geburt hat mein Vater meinem kleinen Bruder Achmed den Gebetsruf Allahu akbar, das heißt: Gott ist größer, ins rechte Ohr und unser Glaubensbekenntnis ins linke Ohr geflüstert. So wird er in die Gemeinschaft der Muslime* aufgenommen. Heute nun ist der Imam*, unser Gemeindevorsteher, gekommen."

„Warum dreht er Achmed jetzt von euch weg?", möchte Claudia wissen.

„In dieser Richtung liegt Mekka*. Immer wenn wir beten, drehen wir uns in Richtung unserer heiligen Stadt Mekka. Nun spricht der Imam einige Verse aus dem Koran*."

„Das war jetzt aber nicht Türkisch!", flüstert Claudia.

„Nein, das war Arabisch! Weil Muhammad nur arabisch gesprochen hat, ist der Koran auch in Arabisch aufgeschrieben worden. Jeder Muslim muss deshalb die Texte des Koran auch auf Arabisch auswendig lernen. Das ist gar nicht so einfach!"

Während des gemeinsamen Betens traut sich Claudia nicht mehr weiter zu fragen und wartet lieber, bis Aylins Tanten das Festessen auftragen, das sie vorbereitet haben.

„Aylin, war das jetzt auch alles Arabisch, was ihr da gebetet habt?"

„Ja, wir haben den Gebetsruf, unser Glaubensbekenntnis und einige Koranverse gebetet."

„Du hast euer Glaubensbekenntnis auch auf Arabisch beten können?", staunt Claudia.

„Unser Glaubensbekenntnis ist uns sehr wichtig, wir beten es fünfmal am Tag. Deshalb wird es, genauso wie der Name Gottes, oft in besonders schöner Schrift geschrieben. Wir schmücken damit unsere Wohnung, aber auch unsere Gebetsräume, die Moscheen*."

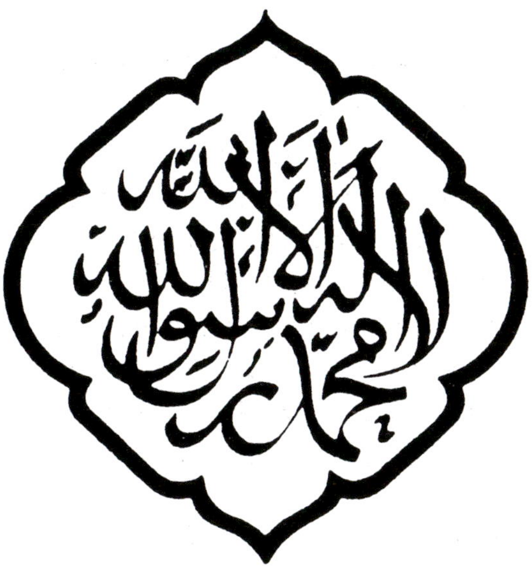

la ilaha illa llah
muhammad rasulu llah

„Es gibt keinen Gott außer Allah, Muhammad ist der Gesandte Gottes."

Glaubensbekenntnis

Die Namenszüge Allahs (oben) und seines Propheten (unten) sind im Inneren mit Koranversen beschriftet. Weil es keine Darstellung von Allah geben darf, werden die Räume mit kunstvoller Schrift geschmückt.

➤ Vergleicht: Wie wird man Muslim, wie wird man Christ?

... und verehren den Koran

Aylins älterer Bruder Fatih erzählt von Muhammad und dem Koran:
„Muhammad, unser Prophet, lebte in Arabien, in der Stadt Mekka*. Als er 40 Jahre alt war, wurde ihm um 610 in einer Art Traum Gottes Wort von einem Engel verkündet. Seine Freunde haben alles aufgeschrieben, was er gehört hat.
Damals glaubten die Leute in Mekka an verschiedene Götter. Muhammad aber verkündete ihnen, dass es nur einen einzigen Gott – Allah – gibt. Seine Botschaft wurde abgelehnt und so musste Muhammad nach Medina auswandern. Erst nach vielen Kämpfen konnte er in seine Heimatstadt zurückkehren. Dort ließ er die alten Götzenbilder zerstören und erlaubte nur noch die Verehrung Allahs, des einzigen Gottes."

Zerstörung der Götzenbilder auf der Kaaba* in Mekka.

Muhammad spricht mit anderen Gelehrten.

„Den Koran, unser heiliges Buch, nennen wir auch den erhabenen Koran. Koran ist ein arabisches Wort und bedeutet Lesung. Der Koran sagt uns, wie wir leben, beten und fasten sollen, damit es Allah gefällt. Aber auch Geschichten über frühere Propheten stehen darin, viele davon kennt ihr Christen auch: Ibrahim, bei euch Abraham, Nuh oder Noach, Musa – ihr sagt Mose – oder auch Isa, den ihr Jesus nennt. Der Koran ist in 114 Kapitel eingeteilt, die auf Arabisch Suren heißen. Diese sind der Länge nach geordnet, die längsten stehen am Anfang, ausgenommen die erste Sure."

Muslime sind verpflichtet, wenn sie genug Geld haben, einmal in ihrem Leben in die heilige Stadt Mekka zu pilgern. Diese Pilgerreise beginnt in der Regel nach dem Fastenmonat, dem Ramadan.

- Warum ist Mekka eine heilige Stadt für die Muslime?
- Auch bei uns gibt es Wallfahrten zu besonderen Orten. Erkundigt euch nach Wallfahrten in eurer Nähe.

Ich wasche mir die Hände.

Ich wasche mir das Gesicht.

Ich streiche mir das Wasser weiter bis in den Nacken.

Ich wasche mir die Ohren außen und innen.

Vater Ibrahim nimmt Aylin und Claudia mit in die Moschee*: „Hier in Deutschland befindet sich unser Gebetsraum oft in einem unscheinbaren Haus, aber in der Türkei sind unsere Moscheen prachtvolle Bauten mit kostbaren Verzierungen und vor allem mit einem Minarett.
Das ist ein hoher Turm, von dem aus der Muezzin* zu den Gebetszeiten ruft, denn das Gebet fünfmal am Tag gehört zu den Pflichten einer jeden Muslima und eines jeden Muslim."
Im Inneren fällt Claudia ein hohes Regal mit Schuhen auf. „Die Moschee betritt man ohne Schuhe, denn wir verrichten unsere Gebete auf speziellen Teppichen und berühren dabei auch mit der Stirn den Boden." Aylin ergänzt: „Damit wir rein sind, waschen wir unsere Arme, Hände und das Gesicht."

Oh, die ihr glaubt!
Wenn ihr zum Gebet hintretet, wascht euer Gesicht und eure Hände bis zu den Ellbogen und fahrt euch über den Kopf und wascht eure Füße bis zu den Knöcheln. Wenn ihr kein Wasser findet, so nehmt reinen Sand und streicht euch über das Gesicht und die Hände.

Aus dem Koran: Sure 5,6

Endlich kommen sie in den Gebetsraum. Jetzt übernimmt der Vater die Führung: „Die Nische in der Mitte heißt *Mihrab*, sie zeigt uns die Richtung nach Mekka* an. Dorthin sollen wir beim Beten schauen, deshalb sind auch die Gebetsteppiche so ausgerichtet. Neben dem Mihrab steht ein hoher Stuhl mit einer Treppe. Das ist der *Minbar*. Von dort aus predigt beim Freitagsgebet der *Imam**. Der Imam leitet auch unsere feierlichen Gottesdienste an den Festtagen oder kommt zu besonderen Anlässen in die Familien."

Allahu akbar –
Gott ist größer!

Ich habe mich an den
gewandt, der Himmel
und Erde erschaffen hat.

Heilig ist
mein Herr.

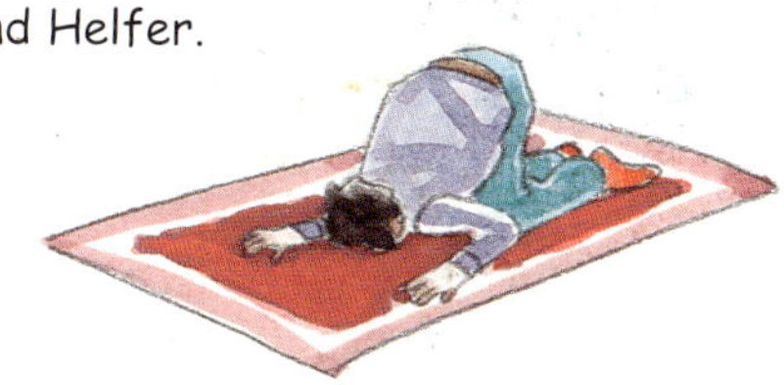

Allahu akbar – Gott ist größer.
Heilig mein Herr, Schöpfer
und Helfer.

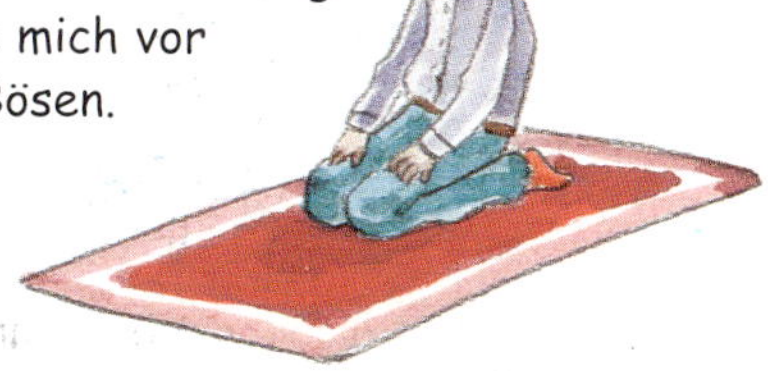

Oh Allah, verzeih mir
die Sünden, sei mir
gnädig und leite mich
auf dem rechten Weg –
behüte mich vor
allem Bösen.

- Betrachtet die verschiedenen Gebetshaltungen. Wie beten Christen?
- Vergleicht eure Kirche mit der abgebildeten Moschee.

... fasten und feiern

Mutter Fatma erzählt:
„Jedes Jahr fasten wir Muslime einen ganzen Monat lang. Dieser Fastenmonat heißt Ramadan. In dieser Zeit essen und trinken wir Erwachsenen erst, wenn die Sonne untergegangen ist. Gefrühstückt wird, bevor die Sonne aufgeht, während des Tages wird gefastet. Durch das Fasten sollen wir dankbar werden für das tägliche Essen, deshalb beten wir:

Oh, Allah, ich habe heute gefastet.
Ich esse jetzt von der Nahrung, die du uns gibst.

Gebet vor dem Fastenbrechen

Die Kinder versuchen erst einen Tag, dann zwei oder mehrere Tage hintereinander zu fasten oder sie verzichten den ganzen Monat lang zum Beispiel auf Süßigkeiten. In den islamischen Ländern verkünden Böllerschüsse am Abend den Zeitpunkt, wann wieder gegessen werden darf.
Beim Fasten sollen wir aber auch an die Armen denken. Deshalb geben wir am Ende des Ramadan *Zakat*, also eine Abgabe für die Armen. Fasten und Zakat geben gehören zu den Pflichten eines jeden Gläubigen.
Darüber hinaus versuchen wir im Fastenmonat niemandem etwas Böses zu sagen und uns mit allen Menschen zu versöhnen, mit denen wir Streit haben. Das fällt manchmal ganz schön schwer!

Eines unserer größten Feste ist das Fest des *Fastenbrechens* am Ende des Ramadan. Es wird auch Bayramfest oder Zuckerfest genannt und dauert drei Tage. Am ersten Tag geht unsere ganze Familie in die Moschee zu einem feierlichen Gottesdienst. Anschließend wird zu Hause festlich gegessen. Ich bin schon Tage vorher damit beschäftigt, die köstlichsten Speisen zu kochen, denn gerade zum Bayramfest gibt es viele spezielle Gerichte. Die Kinder werden, ähnlich wie bei euch zu Weihnachten, besonders mit Süßigkeiten und Spielsachen beschenkt. An den anderen Tagen besuchen wir Freunde und Verwandte."

- Was ist den Muslimen im Ramadan wichtig?
- Vergleicht, wie Muslime und Christen die Fastenzeit gestalten.
- Fragt eure muslimischen Mitschülerinnen und Mitschüler, ob sie gemeinsam mit euch in der Schule ein Zuckerfest feiern wollen.

Die fünf Finger stehen für die fünf Pflichten eines gläubigen Muslims und einer gläubigen Muslima.

- Beschreibt diese fünf Pflichten, die ihr auf den Seiten 44-50 kennen gelernt habt.
- Welche Verpflichtungen kennst du, die für Christen wichtig sind?

Gemeinsamkeiten entdecken

Aylin und Claudia haben im Religionsunterricht und in der Koranschule erfahren, wie in ihren Religionen von der Entstehung der Welt und der Schöpfung gesprochen wird.

Im Koran steht dazu:

Er hat in Wahrheit die Himmel
und die Erde geschaffen, und er
überdeckt den Tag durch die Nacht
und lässt den Tag auf die Nacht folgen,
und er zwingt Sonne und Mond zu
ihrem Dienst, ihren bestimmten Kreislauf
zu durcheilen. Ist er nicht der Allmächtige
und Allgewaltige?

Sure 39,6

Allah ist es, der die Himmel und die Erde
geschaffen hat und Wasser vom Himmel
herabsendet, um damit Früchte zu eurer
Nahrung hervorzubringen.

Sure 14,33

Eines seiner Wunderzeichen ist es,
dass er euch den Blitz zu Furcht und Hoffen
zeigt und Wasser vom Himmel herabsendet,
um die Erde nach ihrem Tode dadurch neu
zu beleben; ein Zeichen ist das für
nachdenkende Menschen.

Sure 30,24f.

Claudia findet in der Bibel:

Du lässt die Quellen hervorsprudeln
in den Tälern,
sie eilen zwischen den Bergen dahin.
Allen Tieren des Feldes spenden sie Trank,
die Wildesel stillen ihren Durst daraus.
An den Ufern wohnen die Vögel
des Himmels,
aus den Zweigen erklingt ihr Gesang.
Du tränkst die Berge aus deinen Kammern,
aus deinen Wolken wird die Erde satt.
Du lässt Gras wachsen für das Vieh,
auch Pflanzen für den Menschen,
die er anbaut,
damit er Brot gewinnt von der Erde
und Wein,
der das Herz des Menschen erfreut,
damit sein Gesicht von Öl erglänzt
und Brot das Menschenherz stärkt.
Die Bäume des Herrn trinken sich satt,
die Zedern des Libanon,
die er gepflanzt hat.
In ihnen bauen die Vögel ihr Nest,
auf den Zypressen nistet der Storch.

Psalm 104,10-17

- Aylin und Claudia vergleichen die Texte aus dem Koran und der Bibel.
- Gestaltet ein Plakat, das zeigt, wie Muslime und Christen sich gemeinsam für die Erhaltung der Schöpfung einsetzen.

Assalamu alaikum

Der Friede Allahs sei mit dir.

Und Allah lädt ein zum Haus des Friedens
und leitet, wen Er will, zum geraden Weg.

Sure 10,25

Aylin und Claudia entdecken, dass im Islam und im Christentum der Friede eine wichtige Rolle spielt.

„Wir Muslime", sagt Aylin, „grüßen mit *Assalamu alaikum*. In der Koranschule haben wir gelernt, dass Muhammad uns eine Religion des Friedens gebracht hat."

Claudia überlegt, ob Friede auch in ihrer Religion eine Rolle spielt. Da fällt ihr ein Lied ein, das sie oft im Gottesdienst singt.

Herr, gib uns deinen Frieden

T: Wolfgang Poeplau/M: Ludger Edelkötter
© KiMu Kindermusikverlag, Velbert

➤ Menschen haben unterschiedliche Ansichten und Glaubensüberzeugungen.
Überlegt, wie sich Muslime und Christen trotzdem für Frieden einsetzen können.

Voneinander und miteinander lernen

- Wir planen und organisieren eine Ausstellung zum Islam und zum Christentum.
- Wir besuchen eine Moschee und eine Kirche und erklären einander unsere Gebetsräume.
- Wir gestalten gemeinsam ein interreligiöses Morgengebet.
- Wir überlegen ein Projekt zur Pflege der Umwelt oder wir planen einen Friedenstag.

Unser Herr, der im Himmel ist,
geheiligt werde dein Name.
Dein Befehl ist im Himmel wie auf Erden.
Wie deine Barmherzigkeit im Himmel ist,
so lass sie auf Erden sein,
und vergib uns unsere Sünden und Übertretungen;
denn du bist der Herr der Rechtschaffenen.

Muhammad

Gott hilft Grenzen überwinden

T/M: Siegfried Macht

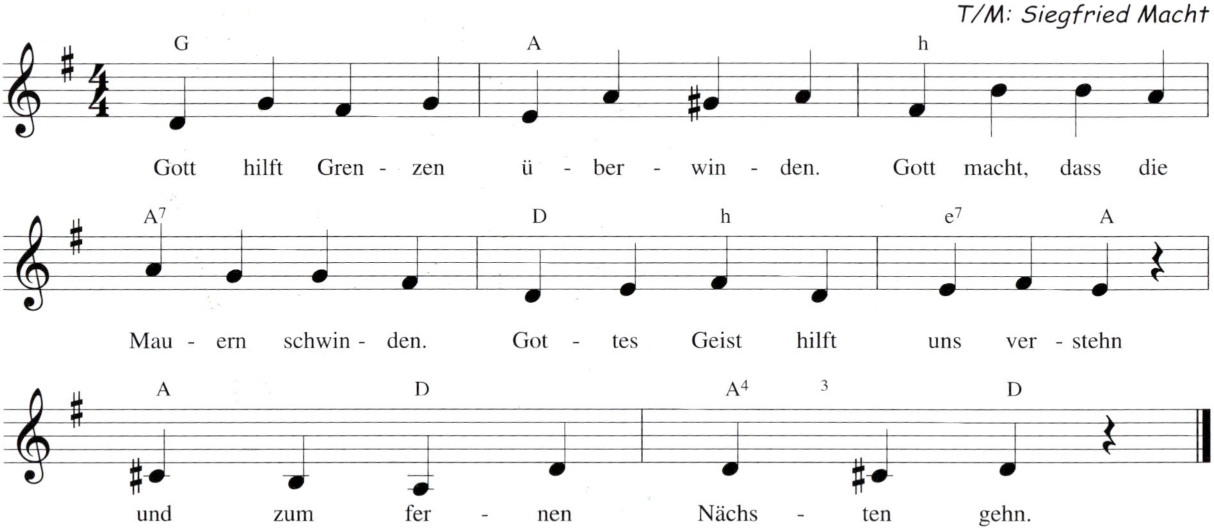

4 Mit Leid und Tod leben lernen

Von Unheil und Tod betroffen sein

Pia steht auf der Treppe im 1. Stock und verhält sich ganz still. Gerade wollte sie nach unten in die Küche gehen, als sie hörte, wie ihre Mutter aufgeregt am Telefon sagt: „Ja, gut. Ich habe verstanden. Ich komme. Die Sachen habe ich schnell zusammengepackt. Danke. Wiederhören."
Jetzt steht Mutter wie versteinert im Flur, sie hat immer noch den Hörer in der Hand, ihr Blick geht starr an die Wand.
Was ist geschehen? Mit wem hat sie telefoniert? Wo muss sie hin? Viele Fragen schießen Pia durch den Kopf.
Nun bemerkt Mutter, dass Pia auf der Treppe steht.
„Papa ist auf dem Weg in die Arbeit verunglückt. Er ist bewusstlos und kann sich nicht mehr bewegen. Man hat ihn in eine Spezialklinik gebracht. Ich werde für einige Tage dorthin fahren müssen."
„Und wir?", fragt Pia, „Was wird aus Thomas und mir?"
„Wir werden Oma anrufen und sie bitten, dass sie in dieser Zeit bei euch bleibt."
Im ersten Moment freut Pia sich, dass Oma zu ihnen kommt, denn sie ist in vielem großzügiger und gutmütiger als Mama und Papa. Aber die Freude ist schnell wieder weg.
„Papa! – Was ist, wenn ...?"
Während Pias Mutter jedes Wochenende ins Krankenhaus fährt, kommt Oma zu den Kindern.
Eines Samstags ruft Mama am Abend vom Krankenhaus aus an. Das hat sie bisher noch nie getan! Als Oma den Hörer auflegt, ist sie ganz blass. „Mama bleibt einige Tage länger bei Papa. Es geht ihm schlechter. Es kann sein, dass er nie mehr wieder heimkommt!"
„Es kann sein, dass Papa nie mehr wieder kommt", wiederholt Pia. „Heißt das, dass er vielleicht sterben muss?"
„Ja, Pia, das heißt es wohl", antwortet Oma tonlos.
Pia hatte sich zwar schon daran gewöhnt, dass Papa nicht zu Hause war, auch, dass sich ihr eigenes Leben verändert hatte, aber dass sie ihn gar nicht wieder sehen sollte, das war Pia noch nie in den Sinn gekommen.
Sie merkt, wie die Tränen in ihr aufsteigen und wirft sich Oma in die Arme. Jetzt kann sie die Tränen nicht mehr zurückhalten und weint einfach drauflos.
„Warum muss Papa sterben? Warum ausgerechnet mein Papa? Was soll dann aus uns allen werden?" Viele Fragen kommen zwischen dem Schluchzen aus ihr heraus.
Aber Oma antwortet nicht, sondern hält Pia einfach nur ganz fest in den Armen.
Pia merkt, dass auch Oma leise weint, denn Papa ist ja ihr eigener Sohn.

- Versucht mit Farben oder Klängen auszudrücken, wie sich Pias Gefühle verändert haben. Überlege, was Pia gut tun könnte, und schreibe ihr einen Trostbrief.
- Was mag das Kind auf dem Bild rechts erlebt haben? Lasst es sprechen!

Fragen über Fragen

Warum ist denn der
gestorben? Und wohin? Ist er morgen
auch noch tot? Auf seinem Grab, da blüht es
rot. Doch da ist nur sein Körper drin. Seine
Furcht und sein Glück, seine
Traumgestalten und was in seinen
Worten enthalten,
ist nicht mit Erde
zugedeckt. Wo hält
sich das alles ver-
steckt? Was er
gehofft hat und
geliebt, ob's
das noch gibt?

Ob es einer
weiß und ver-
steht, wohin
alles geht?

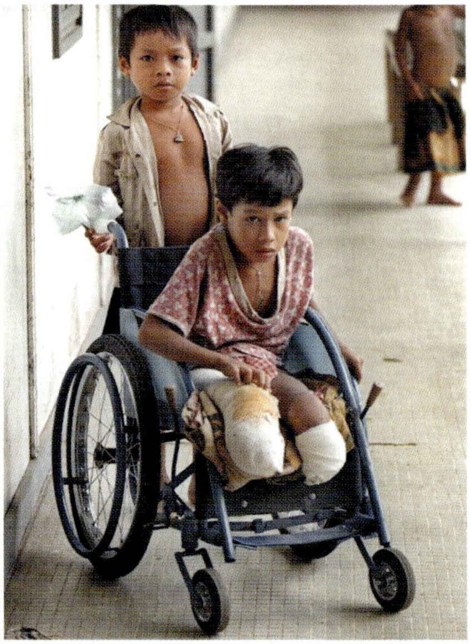

- Welche Gedanken kommen dir beim Betrachten dieser Bilder?
- Gestaltet in der Gruppe zu den Bildern eigene Fragezeichen-Gedichte.

Nele denkt nach

Oft schaut Nele mit ihren Eltern die Nachrichten im Fernsehen an. Wenn da von Unglück, Krieg und Gewalt berichtet wird, beschäftigt das Nele noch lange. Sie denkt über viele Fragen nach, die sich ihr stellen: „Warum passieren so schlimme Dinge? Warum lässt Gott dieses ganze Leid zu? Warum greift Gott nicht ein? Warum hat Gott überhaupt böse Menschen geschaffen? Mama meint, Gott hat die Menschen so werden lassen, dass sie sich zwischen Gutem und Bösem entscheiden können.

Das verstehe ich: Wie könnte ein Mensch gut sein, wenn er nicht auch das Schlechte wählen könnte, wenn er gar nicht wüsste, was das Böse ist?
Trotzdem: Ein wirklich guter und allmächtiger Gott müsste doch dringend etwas an seiner Welt ändern, auf der es drunter und drüber geht. Oder?
Papa meint, er kennt keine schwierigere Frage im Leben (und ich glaube, er kennt eine ganze Menge). Auf diese Frage weiß er nur Antworten, bei denen er weiterfragen muss."

Gott will das Gute. Das Leid ist eine Strafe für das Böse, das Menschen getan haben. Durch die Strafe sollen sie einsehen, dass sie das Gute tun sollen.

Gott lässt das Leid zu, denn er lässt den Menschen die Freiheit sich für Gutes oder Böses zu entscheiden.

Warum lässt Gott zu, dass es Leid auf der Welt gibt?

Gott ist gut, aber seine Stärke ist anders als die Macht von Menschen. Wenn Menschen leiden, leidet er mit ihnen.

Wir können Gott nicht verstehen und das Leid nicht ganz erklären. Aber wir können ihn danach fragen und unser Leid bei ihm klagen.

➤ Wie denkst du über diese Antworten? Schreibt eure Gedanken auf und diskutiert sie.

„Mir gefällt Papas Gedanke, dass Gott immer ganz besonders bei denen ist, denen es schlecht geht. Die Trauer muss gewaltig sein, wenn man wie Gott die ganze Welt überblickt. Dass Gott alle Macht hat, fällt mir immer schwerer zu glauben. Papa kann das verstehen. Er meinte aber, vielleicht ist die Macht von Gott eine ganz andere, als wir sie uns vorstellen können. Auf jeden Fall nicht wie die Macht eines Königs, der nach hundert Jahren wieder vergessen ist, nicht wie die Stärke eines Boxweltmeisters, der vielleicht im Leben ein Angsthase ist. Geht die Allmacht von Gott nicht weit über unsere Vorstellung hinaus?"

Hilfe von Gott erwarten?

Herr, warum bleibst du so fern,
verbirgst dich in Zeiten der Not?
Ps 10,1

Wie lange noch, Herr,
vergisst du mich ganz?
Wie lange noch verbirgst
du dein Gesicht vor mir?
Ps 13,2

Wie lange noch muss ich Schmerzen ertragen
in meiner Seele, in meinem Herzen
Kummer Tag für Tag?
Wie lange noch darf mein Feind
über mich triumphieren? *Ps 13,3*

Wende dein Ohr mir zu, erlöse mich bald!
Sei mir ein schützender Fels,
eine feste Burg, die mich rettet. *Ps 31,3*

- ➤ Was mögen die Menschen auf den Bildern erlebt haben? Versuche dich in sie hineinzuversetzen. Das fällt leichter, wenn du ihre Haltung einnimmst. Was fühlen sie, was denken sie wohl?
- ➤ Vergleiche die Bilder. Suche für jedes Bild einen Titel.
- ➤ Sprecht über die Gefühle, die in den Psalmworten zum Ausdruck kommen.
- ➤ Betrachte die Fotos auf Seite 58 und schreibe auf, was diese Menschen beten könnten.

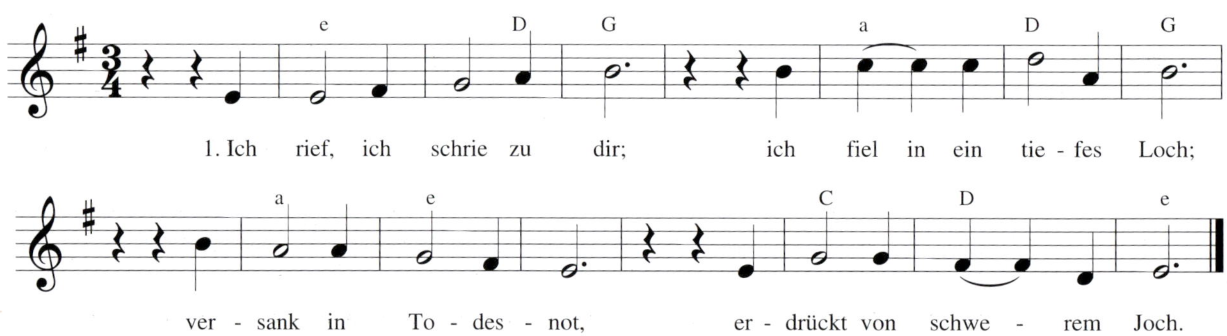

2. Ich rief: Herr, rette mich, verbirg nicht dein Gesicht;
ich bin allein, hab Angst, führ mich aus Dunkel zum Licht.

Da hast du mein Klagen in Tanzen verwandelt.

Ps 30,12a

Ich aber dachte in meiner Angst: „Ich bin aus deiner Nähe verstoßen." Doch du hast mein lautes Flehen gehört, als ich zu dir um Hilfe rief.

Ps 31,23

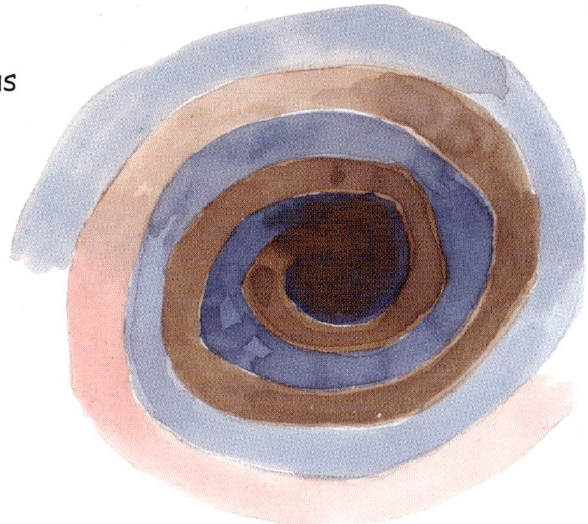

Er griff aus der Höhe herab und fasste mich, zog mich heraus aus gewaltigen Wassern.

Ps 18,17

Er führte mich hinaus ins Weite, er befreite mich.

Ps 18,20

Herr, du mein Fels, meine Burg, mein Retter,
mein Gott, meine Feste, in der ich mich berge,
mein Schild, mein sicheres Heil, meine Zuflucht.

Ps 18,3

- Sprecht über die Erfahrungen, die diese Menschen in Not und Leid mit Gott gemacht haben. Das Bild in der Mitte kann euch dabei helfen.
- Malt Bilder, schreibt oder spielt Geschichten zu den Psalmworten.

T/M: Bernhard Bossert, nach Ps 30

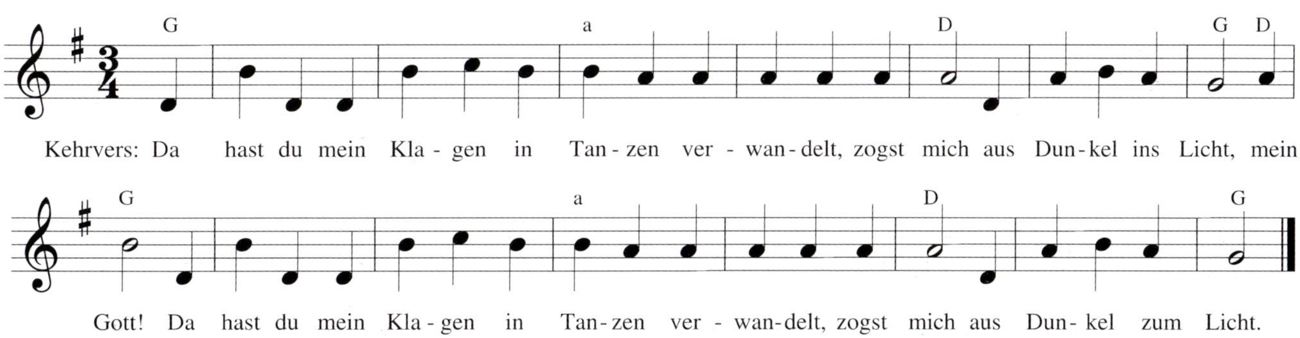

Jesus begegnet Menschen, die leiden

Zur Zeit Jesu gab es viele Aussätzige. Aussatz* war ein Name für ansteckende Hautkrankheiten. Krankheiten wie Aussatz wurden damals von vielen Menschen als Strafe Gottes gesehen. Die Leute sagten: „Wer so eine schlimme Krankheit hat, der hat nicht nach dem Willen Gottes gelebt. Er ist ein Sünder!" Ein Aussätziger musste seine Familie und das Dorf verlassen. Draußen vor dem Dorf konnte er im Lager der Ausgestoßenen hausen und von Almosen leben. Wenn ihm jemand begegnete, musste er rufen: „Unrein, unrein!" Wer einen Aussätzigen kommen sah, wandte sich von ihm ab; niemand durfte einen Aussätzigen berühren.

- Suche auf den Seiten 60 und 61 Psalmworte, die zur Situation des Aussätzigen passen, und schreibe sie zu einem Gebet weiter.

Die Nachricht vom Rabbi* Jesus muss bis ins Lager der Unreinen gedrungen sein. Vielleicht waren es solche Sätze, die Jesus gesagt hat: „Selig sind, die Leid tragen, sie sollen getröstet werden!"
„Nicht die Gesunden brauchen den Arzt, sondern die Kranken!"
„Ich bin gekommen zu suchen und zu retten, was verloren ist!"
Ein Aussätziger macht sich auf den Weg.

- Welche Gedanken könnten ihm beim Hören solcher Sätze durch den Kopf gehen?
- Welche Gefühle hat er auf dem Weg zu Jesus?

Als Jesus in einer der Städte war, kam ein Mann, der am ganzen Körper Aussatz hatte. Sobald er Jesus sah, warf er sich vor ihm zu Boden und bat ihn: Herr, wenn du willst, kannst du machen, dass ich rein werde.
Da streckte Jesus die Hand aus, berührte ihn und sagte: Ich will es – werde rein! Im gleichen Augenblick verschwand der Aussatz.
Sein Ruf verbreitete sich immer mehr, sodass die Menschen von überall herbeiströmten. Sie alle wollten ihn hören und von ihren Krankheiten geheilt werden.

Lk 5,12-13.15

- Wie geht Jesus mit dem Aussätzigen um?
- Malt nur mit Farben: der Aussätzige vor der Begegnung mit Jesus – der Aussätzige nach der Begegnung mit Jesus.
- Jesus ist immer wieder Kranken und Ausgestoßenen begegnet. Für ihn waren Krankheit und Behinderung keine Strafe Gottes! Lest nach im Markusevangelium, Kapitel 10,46-52 und Kapitel 2,1-12 (*Meine Schulbibel* Nr. 76 und Nr. 77) und findet auch dort heraus, wie er sich gegenüber den Kranken verhalten hat.

Jesus geht einen schweren Weg

Als die Schriftgelehrten sahen, dass er mit Zöllnern und Sündern aß, sagten sie zu seinen Jüngern: „Wie kann er zusammen mit Zöllnern und Sündern essen?"

Nach Mk 2,16

In der Synagoge saß ein Mann, dessen Hand verdorrt war.
Jesus fragte: „Was ist am Sabbat erlaubt: Gutes zu tun oder Böses, ein Leben zu retten oder es zu vernichten?"
Die Pharisäer* schwiegen. Er war traurig über ihr verstocktes Herz und heilte den Mann mit der verdorrten Hand. Die Pharisäer aber fassten den Beschluss Jesus umzubringen.

Nach Mk 3,4-6

Pharisäer kamen zu Jesus und begannen ein Streitgespräch. Sie forderten von ihm ein Zeichen vom Himmel, um ihn auf die Probe zu stellen. Er aber verweigerte ihnen dies, stieg in ein Boot und fuhr ans andere Ufer.

Nach Mk 8,11-13

Einmal lehrte Jesus in der Synagoge seiner Heimatstadt. Viele, die ihm zuhörten, sagten: „Woher weiß er das alles? Was sind das für Wunder, die durch ihn geschehen? Ist das nicht der Zimmermann, der Sohn der Maria?" Und sie nahmen Anstoß an ihm und lehnten ihn ab. Er wunderte sich über ihren Unglauben.

Nach Mk 6,1-6

Judas, einer der Zwölf, ging zu den Hohen Priestern und wollte Jesus an sie ausliefern. Er suchte nach einer günstigen Gelegenheit.

Nach Mk 14,10-11

Während Jesus vor dem Hohen Rat verhört wurde, stand Petrus am Feuer und wärmte sich. Eine Magd sagte zu ihm: „Auch du warst mit diesem Jesus aus Nazaret zusammen." Zu den anderen sagte sie: „Der gehört zu ihnen." Petrus leugnete und schwor: „Ich kenne diesen Menschen nicht, von dem ihr redet."

Nach Mk 14,66-71

Nach seiner Verurteilung wurde Jesus von den Soldaten verspottet, geschlagen und angespuckt. Dann führten sie ihn hinaus nach Golgota, kreuzigten ihn und warfen das Los über seine Kleider. Die Leute, die vorbeikamen, verhöhnten ihn und riefen: „Hilf dir doch selbst und steig herab vom Kreuz."

Nach Mk 15,17-19.20.29.30

Als die sechste Stunde kam, brach über das ganze Land eine Finsternis herein. Und in der neunten Stunde rief Jesus: „Mein Gott, mein Gott, warum hast du mich verlassen?" Jesus schrie laut auf. Dann hauchte er den Geist aus. Der Hauptmann, der ihn so sterben sah, sagte: „Wahrhaftig, dieser Mensch war Gottes Sohn."

Nach Mk 15,33-39

- Jesus geht einen schweren Weg. Gestaltet einzelne Stationen.
- Was gibt Jesus die Kraft, diesen Weg bis zum Ende zu gehen?

Stärker als Leid und Tod

Mit Jesu Tod ist nicht alles aus. Der auferstandene Jesus ist den Jüngerinnen und Jüngern mehrmals erschienen. Nur langsam begreifen sie: Jesus lebt! Diese frohe Nachricht tragen sie in alle Welt.

In einem Brief des Apostels* Paulus an die Christengemeinde von Korinth findet sich das älteste Glaubensbekenntnis an die Auferstehung Jesu:

Christus ist für unsere Sünden gestorben
gemäß der Schrift
und ist begraben worden.
Er ist am dritten Tag auferweckt worden
gemäß der Schrift
und erschien dem Kephas,
dann den Zwölf.

1 Kor 15,3-5

T/M: Gerhard Hany

2. Mitten in der Nacht blüht der Glaube.
Mitten in der Nacht beginnt der neue Tag.
Vertrauen wird ganz neu,
die Dunkelheit wird Licht.
Wir werden auferstehn.

3. Mitten in der Nacht blüht die Liebe.
Mitten in der Nacht beginnt der neue Tag.
Er nimmt dich an der Hand,
du bist nicht mehr allein.
Wir werden auferstehn.

Er wird alle Tränen von ihren Augen abwischen. Der Tod wird nicht mehr sein, keine Trauer, keine Klage, keine Mühsal. Denn was früher war, ist vergangen.
Offb 21,4
Nach einem tragischen Verkehrsunfall ist am Dienstag mein geliebter Mann, unser guter Vater, mein lieber Sohn
Peter Halder
im Alter von 36 Jahren gestorben.
Die Trauerfeier findet am Samstag um 10 Uhr in der Christkönig-Kirche statt, die Beerdigung anschließend auf dem Städtischen Friedhof.
In tiefer Trauer:
Monika Halder, Ehefrau
Pia und Thomas Halder, Kinder
Elisabeth Halder, Mutter
im Namen aller Verwandten
Herzliches Beileid
Herr, dir in die Hände sei Anfang und Ende, sei alles gelegt.
Wir denken in Liebe und im Gebet an Herrn
Peter Halder
*14.01.1965
†23.05.2001
A
Ω

Brüder
und Schwestern,
trauert nicht wie die andern,
die keine Hoffnung haben. Wenn
Jesus – und das ist unser Glaube –
gestorben und auferstanden ist, dann
wird Gott durch Jesus auch die
Verstorbenen zusammen mit ihm zur
Herrlichkeit führen.
Tröstet also einander
mit diesen Worten!

1 Thess 4,13-14.18

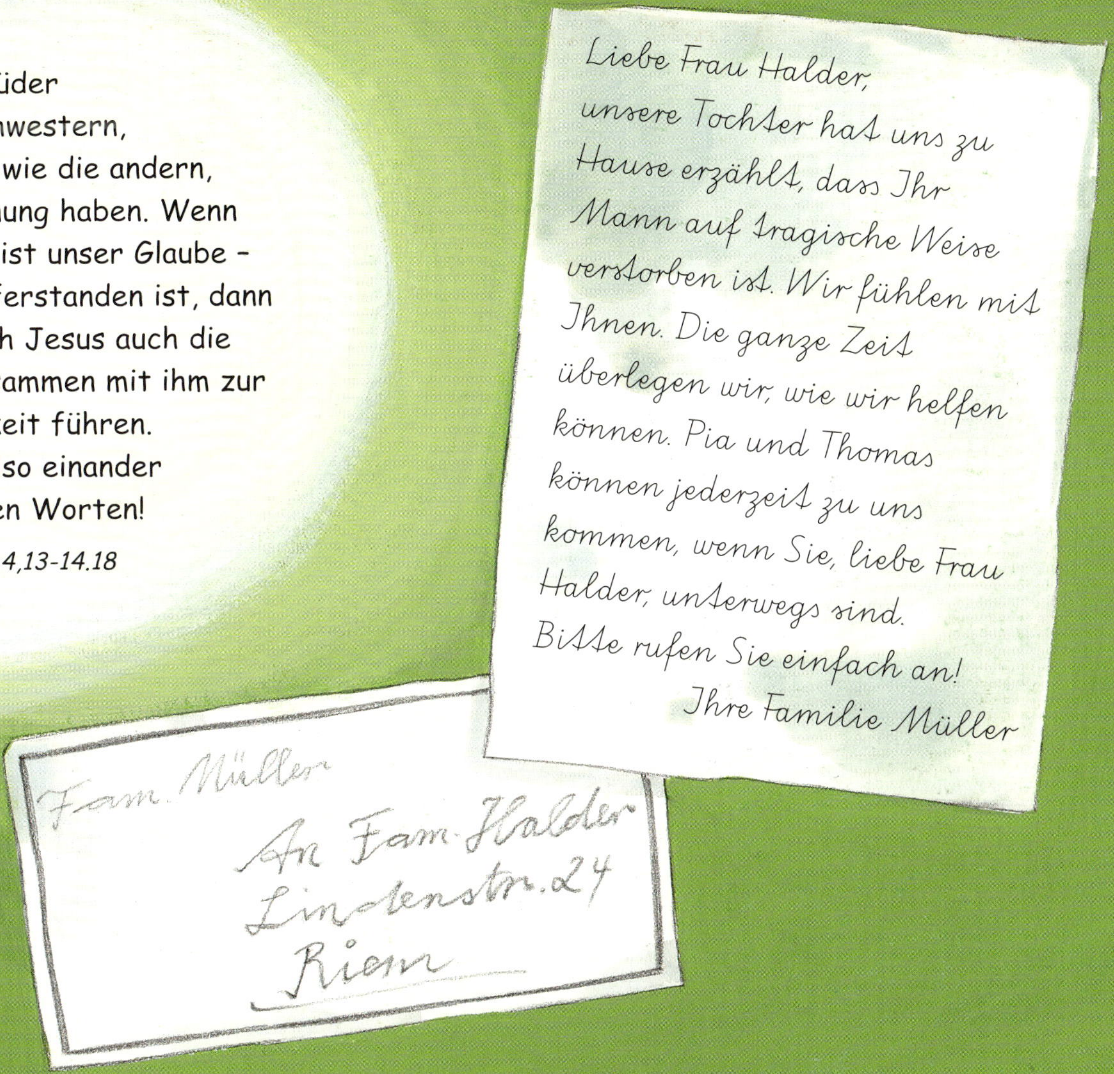
Liebe Frau Halder,
unsere Tochter hat uns zu Hause erzählt, dass Ihr Mann auf tragische Weise verstorben ist. Wir fühlen mit Ihnen. Die ganze Zeit überlegen wir, wie wir helfen können. Pia und Thomas können jederzeit zu uns kommen, wenn Sie, liebe Frau Halder, unterwegs sind.
Bitte rufen Sie einfach an!
Ihre Familie Müller

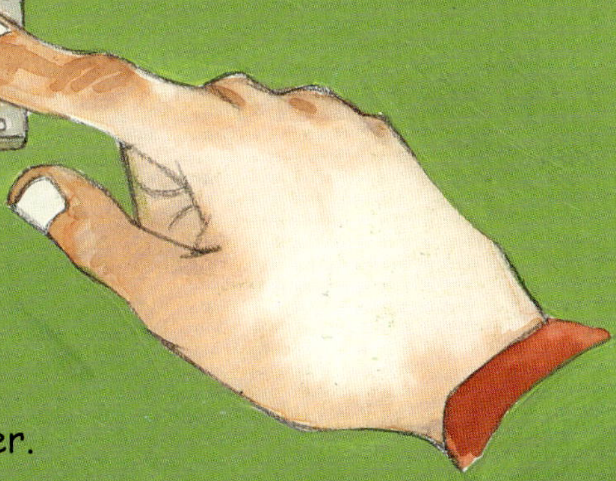

- Paulus schreibt, Christen sollen nicht so trauern wie die anderen. Was meint er damit?
- Untersucht Todesanzeigen, Beileidskarten und Sterbebilder. Ihr könnt darauf Zeichen und Worte der Hoffnung finden.

An das Leben glauben

- Der jüdische Maler Marc Chagall hat auf seinem Bild „Die Tore des Friedhofs" einen freundlichen Friedhof* gemalt. Im Judentum heißt der Friedhof „Haus des Lebens". Findet im Bild Spuren des Lebens.
- Deutet auch die Wörter „Friedhof" und „Gottesacker".
- Besucht einen Friedhof.
  Auf den Grabsteinen könnt ihr lesen, was über das Leben der Verstorbenen zu erfahren ist.
- Entdeckt, wie Menschen ihren Glauben an die Auferstehung der Toten ausdrücken.
- Suche einen Grabstein, der dir besonders gefällt, und male ihn ab. Du kannst auch Texte abschreiben, die dich besonders ansprechen.

- Lies ein Buch über Leben und Tod.
  Fragt in der Schülerbibliothek, in der Pfarr- oder Gemeindebibliothek nach Büchern, die von Leben und Tod handeln. Wenn jede und jeder eines auswählt und liest, könnt ihr sie einander vorstellen.

5 Jesu Botschaft weitertragen

Überall auf der Welt gibt es Christen

Kinder und Jugendliche aus Bolivien machen eine Wallfahrt zum Marienheiligtum in Copacobana. Sie schmücken eine Marienstatue, entzünden Kerzen und Fackeln und ziehen dann in einer Lichterprozession zur Basilika. Nach dem Gottesdienst lassen sie sich wie viele andere Gläubige unter dem Mantel der Gottesmutter segnen.

In Ägypten gibt es nur wenige Christen. Bei ihnen wird im Gottesdienst sehr viel gesungen. Eine Besonderheit ist dabei der Wechselgesang zwischen dem Priester, den Diakonen und der Gemeinde. Die Kirchenlieder klingen im Kirchenjahr ganz verschieden, so singen die Gläubigen z. B. während der Karwoche im Trauerton und an Ostern im Feierton. Bei der Taufe wird der Täufling ausgezogen und in das Taufbecken eingetaucht.

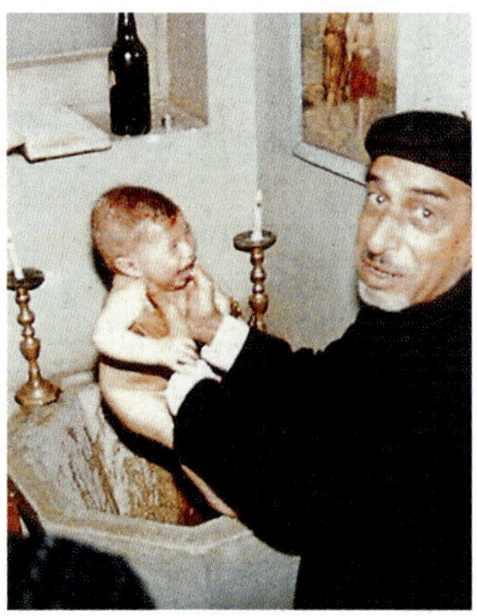

Nangula ist im Kongo in Afrika zu Hause. Sie macht bei einer Tanzgruppe für den Gottesdienst mit: „Bei uns wird im Gottesdienst getanzt; gleich zu Beginn, dann zwischen den Lesungen und zur

++ PAPA BILONG MI PELA YU

++ PADRE NOSTRO, CHE SEI NEI CIELI ++

OUR FATHER WHO ART IN HEAVEN

➤ Auf diesen Seiten könnt ihr entdecken, wie Christinnen und Christen in anderen Erdteilen ihren Glauben leben und feiern. Welche Unterschiede fallen euch auf?

Gabenbereitung. Wir Tänzerinnen nehmen unsere Aufgabe sehr ernst, denn schließlich tanzen wir ja nicht nur vor Menschen, sondern vor Gott. Unser Tanz ist wie ein Gebet. Mein Bruder ist übrigens bei der Trommelgruppe dabei."

Matei, der zweite Junge von rechts, lebt in Finnland. Dort gibt es nur wenige katholische Christen. Die Pfarrei, zu der die Familie von Matei gehört, umfasst knapp die Hälfte des ganzen Landes. Um Gottesdienst zu feiern müssen sie riesige Strecken zurücklegen. Im letzten Jahr kam Matei mit vier anderen Kindern zur Erstkommunion. Während der Vorbereitungs-Wochenenden wohnte ein Mädchen bei Matei, weil ihre Familie 400 km entfernt lebt.

TAP LONG HEVEN ++

Masithi Amen *T: D. Trautwein/M: S. Molefe*
© Strube Verlag, München

OTSCHE NASCH SUSCHTSCHI NA NEBESACH ++

\+ Отче наш иже еси на небесах ++

Rolando aus den Philippinen wohnt in einem Heim für Straßenkinder. Pater Emanuel bereitet mit den Kindern das Weihnachtsfest vor. Rolando ist verantwortlich für das Schmücken des Baumes und der Krippe. Er hat sie wie einen Thron mit Muscheln gestaltet, weil er Jesus das Schönste schenken wollte, das er besitzt. An Heiligabend darf er das Jesuskind darauf legen und die Weihnachtsgeschichte aus der Bibel vorlesen.

- Findet heraus, welche Gemeinsamkeiten alle Christen verbinden.
- Wie kommt es, dass es überall auf der Welt Christen gibt? Überlegt!

Ein Aufbruch

Als der Pfingsttag gekommen war, waren alle am gleichen Ort. Da kam plötzlich vom Himmel her ein Brausen, wie wenn ein gewaltiger Sturm losbricht. Das ganze Haus, in dem sie waren, wurde davon erfüllt. Und es erschienen über ihnen Zungen wie von Feuer. Die verteilten sich. Auf jeden von ihnen ließ sich eine herab. Alle wurden mit Heiligem Geist erfüllt. Und sie fingen an, in fremden Sprachen zu reden, so wie der Geist sie ihnen ins Herz legte.
In Jerusalem aber wohnten fromme Juden aus allen Völkern unter dem Himmel. Als das Brausen anfing, liefen die Menschen zusammen. Sie erschraken, denn jeder von ihnen hörte sie in seiner eigenen Sprache reden. Sie waren außer sich vor Staunen und sagten: „Sind das nicht alles Galiläer, die hier reden? Wieso kann sie jeder von uns in seiner Muttersprache hören? Wir Menschen aus so vielen Völkern der Erde hören sie in unserer eigenen Sprache von den großen Taten Gottes erzählen."
Und alle gerieten außer sich und waren ratlos.
Die einen sagten zueinander: „Was hat das zu bedeuten?" Andere aber spotteten: „Sie sind betrunken von süßem Wein."

***

Da trat Petrus vor, zusammen mit den anderen Aposteln. Er begann zu reden und sprach mit lauter Stimme: „Ihr Juden und ihr Bewohner von Jerusalem! Hört auf meine Worte! Diese Männer sind nicht betrunken,

T/M: *Kathi Stimmer-Salzeder*

2. Geist wie Himmel, Geist wie Erde, Grenzen werden weit. Bangen, hoffen, so ganz offen, allem seine Zeit.

3. Geist wie Nähe, Geist wie Ferne, Neues macht sich frei. Wege finden und verbinden, Kraft und Mut dabei.

wie manche von euch meinen. Sondern heute ist wahr geworden, was der Prophet Joel vorausgesagt hat: In den letzten Tagen wird es geschehen, so spricht Gott:
Dann werde ich mit meinem Geist erfüllen alle Menschen auf der Erde. Eure Söhne und eure Töchter werden Propheten sein, eure jungen Männer werden das Kommende schauen und eure Alten werden noch Träume haben. Und jeder wird gerettet werden, der den Namen des Herrn anruft."
Und weiter sprach Petrus: „Israeliten, hört auf meine Worte! Jesus aus Nazaret tat im Namen Gottes viele Wunder vor euren Augen. Ihr aber habt ihn durch die Römer ans Kreuz schlagen lassen und ihn getötet. Doch Gott hat ihn vom Tod auferweckt. Brüder und Schwestern, erkennt die Wahrheit: Diesen Jesus, den ihr gekreuzigt habt, hat Gott zum Herrn und Messias gemacht."

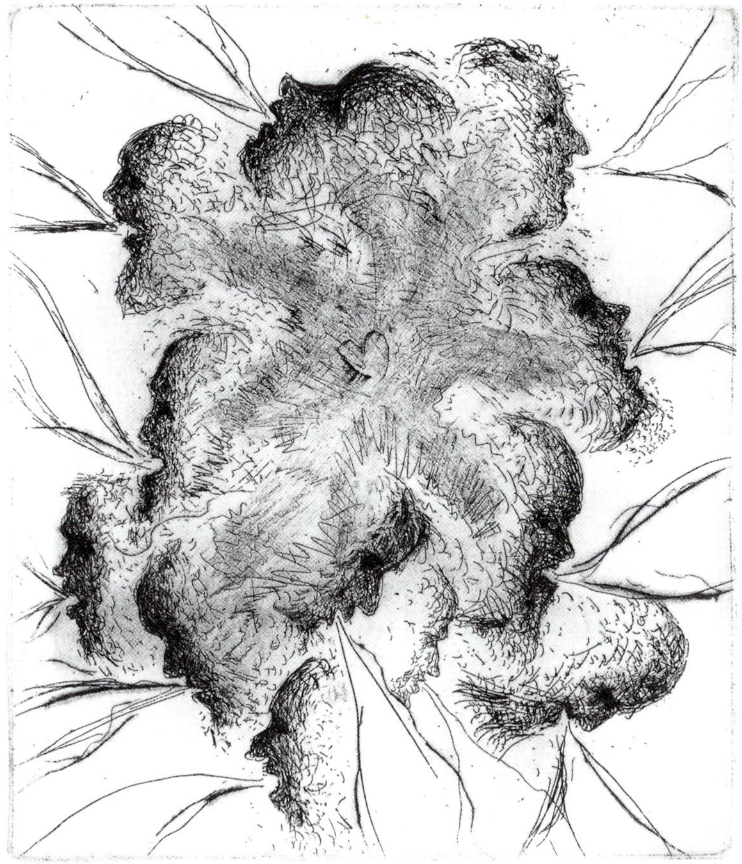

***

Als die Menschen die Worte des Petrus hörten, traf es sie mitten ins Herz. Sie sagten zu Petrus und den anderen Aposteln: „Was sollen wir tun, Brüder?"
Petrus antwortete ihnen: „Kehrt um! Ändert euer Leben! Jeder von euch soll sich auf den Namen Jesu Christi taufen lassen zur Vergebung seiner Sünden. Dann wird Gott auch euch Heiligen Geist schenken. Denn euch und euren Kindern und allen Menschen auf der Erde hat Gott sein Heil versprochen."
Mit noch vielen anderen Worten redete er ihnen zu und ermahnte sie: „Lasst euch retten!"
Und alle, die ihm glaubten, ließen sich taufen. An diesem Tag gewannen sie etwa dreitausend Menschen für ihre Gemeinschaft.

Nach Apg 2

- Stellt in Standbildern dar, wie sich die Jünger verändern.
- Findet im Text die Sprachbilder, mit denen das Kommen des Geistes beschrieben wird.
- Untersucht im Text, im Bild und im Lied, was Gottes Geist bewirkt.
- Ein Religionslehrer behauptet: „Heute könnten wir die Botschaft von Jesus ganz schnell mit dem Internet in der ganzen Welt verbreiten. Aber das reicht nicht um Menschen zu überzeugen!" Nehmt Stellung dazu.

Wie die ersten Christen lebten

Das ist der Jerusalemer Tempel. Wir beten hier jeden Tag zusammen mit anderen Juden. Wir lesen die Heilige Schrift unserer Väter und singen Psalmen.

Lukas schreibt über die erste Christengemeinde: Alle, die gläubig geworden waren, bildeten eine Gemeinschaft und hatten alles gemeinsam. Sie verkauften Hab und Gut und gaben davon allen, jedem so viel, wie er nötig hatte. Tag für Tag verharrten sie einmütig im Tempel, brachen in ihren Häusern das Brot und hielten miteinander das Mahl. Sie lobten Gott und waren beim ganzen Volk beliebt.

Apg 2,44-47

Die Frau, die sich hier taufen lässt, ist meine Nachbarin. In letzter Zeit hat sie uns fast jeden Tag besucht. Wir mussten ihr alles erzählen, was wir über Jesus wissen. Jetzt gehört auch sie zu unserer Gemeinde.

Da drüben geht Barnabas. Auch er ist Christ. Er hat sogar einen Acker verkauft, um mit dem Geld den Armen in unserer Gemeinde zu helfen. Er sagt, Jesus will nicht, dass die einen reich sind, während die anderen hungern müssen.

Natürlich gibt es bei uns auch manchmal Streit und es ist nicht immer alles so, wie Jesus es wollte. Aber beim Teilen des Brotes denken wir daran, dass wir durch Jesus zu einer Gemeinschaft verbunden sind.

Jetzt zeige ich euch noch, wie wir uns in unseren Häusern versammeln um gemeinsam das Brot zu brechen. Wir tun das so, wie es Jesus mit seinen Jüngerinnen und Jüngern getan hat.

Vor allem Witwen und Waisenkinder hätten es sehr schwer, wenn wir nicht helfen würden. Aber auch Kranke und Menschen mit Behinderung müssten Not leiden, wenn wir uns nicht um sie kümmerten.

➤ Was ist für eine christliche Gemeinde besonders wichtig?

Der Glaube überschreitet Grenzen

Zur Zeit der ersten Christen lebte in der Stadt Alexandria ein christlicher Lehrer.
Man fragte ihn: „Wie führst du einen Menschen zum Glauben?" Er antwortete:
„Ich lasse ihn ein Jahr lang in meinem Haus wohnen."

- Überlegt, was der Gast im Haus des Lehrers alles erlebt haben könnte.
- Erzählt einander Beispiele, wie auch ihr einmal von der Begeisterung eines anderen Menschen angesteckt wurdet.
- Der Apostel Paulus und seine Begleiter haben begeistert von Jesus erzählt.
  Was würdest du aus dem Leben Jesu anderen Kindern mitteilen, die noch nicht von Jesus gehört haben?
- Paulus und seine Begleiter wurden oft verfolgt.
  Warum haben sie trotzdem nicht aufgehört, die Botschaft von Jesus weiter zu verkünden?

Der Apostel Paulus wurde in Rom wegen seines Glaubens an Jesus hingerichtet.

Die griechische Frau Lydia gehörte zu den ersten Menschen in Europa, die an Jesus glaubten.

Der Apostel Paulus brachte die Botschaft von Jesus in die heutige Türkei und nach Griechenland.

Jesus selbst hat seine Heimat Israel nicht verlassen. Aber er hat seine Jünger gelehrt, dass alle Menschen von Gott geliebt sind – nicht nur sein Volk.

Eine erste Versammlung (Konzil) aller Apostel beschloss: Nicht nur Juden, sondern alle Menschen können Christen werden.

Wie das Christentum zu uns kam

Hallo, ich bin Andreas! Ich habe in der Schule den Auftrag bekommen zu erforschen, wie wir hier in Deutschland überhaupt vom Christentum erfahren haben. Bei meiner Recherche habe ich festgestellt, dass nicht alle Teile Deutschlands zur gleichen Zeit christlich wurden. Manchmal hat sich die einheimische Bevölkerung auch gegen den neuen Glauben gewehrt oder wollte gar nichts davon hören. Nicht selten wurden die Missionare gewaltsam vertrieben oder gar getötet. Aber es gab auch Menschen, die auf Reisen oder in ihrem Beruf von Jesus erfahren und dies dann weitererzählt haben. Ich habe eine CD-Rom gefunden, auf der die Sprecher in die Rolle von Personen aus der damaligen Zeit geschlüpft sind. Sie lassen sie von ihrem Alltag erzählen.
Da ist zuerst einmal Claudius, er lebte etwa im Jahre 330 n. Chr.

„Hallo, ich heiße Claudius und bin ein römischer Soldat. Unser Kaiser ist vor vielen Jahren Christ geworden. Vor zwei Jahren wurde ich mit meinen Kameraden hierher nach Augusta Vindelicum versetzt. Um uns herum leben keltische Stämme, die noch an ihre eigenen Götter glauben. Nur hier in der Stadt trifft man Leute, die von uns Römern etwas über Jesus erfahren haben. Aber es ist bisher nur eine ganz kleine Gruppe. Über unsere gut ausgebauten Handelsstraßen kommen auch Händler in die Stadt, die schon Christen geworden sind."

Als nächstes möchte ich Alexander vorstellen. Er kommt aus Griechenland und ist als Händler ein weit gereister Mann. Er berichtet, wie er den Glauben an Jesus kennen gelernt hat.

„Ja, ich bin Kaufmann. Das ist ein anstrengender, aber auch ein interessanter Beruf. Ich bin sehr viel unterwegs, auch in anderen Ländern. Ich kaufe und verkaufe dort Gewürze und Stoffe. Bei meiner letzten Reise habe ich auf dem Schiff einen Priester aus Irland getroffen, der ganz erstaunliche Geschichten erzählt hat. Sie handelten von einem Mann namens Jesus, der vor einigen hundert Jahren in Palästina gelebt hat und ein wunderbarer Mensch gewesen sein muss. Seitdem suche ich immer wieder nach Menschen, die schon Christen sind. Aber auch ich selbst erzähle meinen Kunden von Jesus und seinem liebenden Gott."

Zuletzt will ich euch einen ganz besonderen Mann vorstellen.

„Mein Name ist Bonifatius und ich bin ein Mönch. Ich komme aus England, lebe aber seit vielen Jahren bei den Germanen, um sie zum Christentum zu bekehren. Die Germanen glaubten zu dieser Zeit an Donar, den Gott des Gewitters; sie hatten große Angst vor ihm. Die Eiche war ihm geweiht, ein heiliger Baum. Ich wollte ihnen zeigen, dass ihr Gott in Wahrheit gar nicht lebt. Deshalb fällte ich mit einer starken Axt eine Donar-Eiche. Viele Menschen schauten von weitem zu, zitterten vor Angst und erwarteten, dass Donar mit Blitz und Donner dazwischenfahren würde. Nichts geschah und sie begannen an ihrem Gott Donar und seiner Macht zu zweifeln. Viele Germanen habe ich mit meiner Predigt vom guten Gott und seinem Sohn Jesus überzeugen können."

Trotzdem wurde Bonifatius im Jahre 754 von Soldaten überfallen und getötet.
Bei meinen Nachforschungen habe ich auch herausgefunden, dass viele dieser Wandermönche hier in Deutschland Klöster gegründet haben. Sie haben so den Glauben an Jesus Christus weiter verbreitet.
Auch heute noch gehen Mönche und Nonnen als Missionare und Missionarinnen in die ganze Welt hinaus. So arbeiten zum Beispiel die Benediktinermönche* der Erzabtei St. Ottilien (Oberbayern) in Nord- und Südamerika, Afrika, China und Japan.

- Erkundigt euch nach einem Missionskloster in eurer Nähe.
- Sucht wie Andreas in Geschichtsbüchern nach den Spuren der ersten Christinnen und Christen in eurer Heimat. Haltet alles auf einem Plakat oder einer Zeitleiste fest.

Christen übernehmen Verantwortung

Ich heiße Stefan und gehe in die vierte Klasse. In meiner Freizeit besuche ich die Gruppenstunden in unserer Pfarrgemeinde. Wir üben gerade ein Spiel über Jesus und Zachäus ein, das wir im Gottesdienst aufführen werden. Ich darf den Zachäus spielen.

„Wer von euch groß sein will, soll euer Diener sein!"

Mein Name ist Ursula Heilmeier. Vor einigen Jahren bin ich zur Vorsitzenden unseres Pfarrgemeinderats gewählt worden. Zusammen mit unserem Pfarrer bemühen wir uns, das Zusammenleben in unserer Gemeinde so zu gestalten, dass der Geist Jesu spürbar wird. Zur Zeit überlegen wir, wie wir der zunehmenden Armut in unserer Gemeinde begegnen können.

„Ihr seid das Licht der Welt!"

„Geht hinaus in alle Welt und verkündet allen das Evangelium!"

„Folgt mir nach!"

Die oberste Verantwortung für die Leitung der katholischen Kirche liegt beim Papst, dem Nachfolger des Apostels Petrus. Die Bischöfe unterstützen ihn dabei. Zusammen haben sie, wie die Apostel, den Auftrag, den Glauben zu bewahren, die Christen auf der ganzen Welt zu einer Gemeinschaft zusammenzuführen und ihnen Mut für ein Leben aus dem Glauben zu machen.

„Stärke deine Schwestern und Brüder!"

„Wie ich euch geliebt habe, so sollt auch ihr einander lieben!"

„Du bist der Fels, auf den ich meine Kirche baue."

Ich bin Erwin Kräutler. Geboren bin ich in Österreich, aber ich bin schon seit vielen Jahren in Brasilien tätig. Zuerst war ich dort Missionar. Später hat mich der Papst zum Bischof ernannt. In meiner Diözese gibt es viele Probleme. Die meisten Menschen dort sind Indios, die als Kleinbauern und Landarbeiter von reichen Großgrundbesitzern ausgebeutet werden. Viele von ihnen sind so arm, dass sie kaum überleben können. Ich setze mich für sie ein, indem ich überall gegen die Ungerechtigkeit protestiere. Einmal wurde ich sogar von Polizisten geschlagen und verhaftet, weil ich mich auf die Seite von Arbeitern stellte, die seit Monaten keinen Lohn mehr bekommen hatten.

- Welche Personen kennst du noch, die in der Kirche mitarbeiten?
- Vergleicht das, was diese Personen tun, mit den Worten Jesu auf diesen beiden Seiten.
- Wie heißt euer Bischof? Im Internet findet ihr auf der Homepage eurer Diözese viele Informationen über ihn und sein Bistum.

In Verbindung bleiben

Viele christliche Gemeinden bei uns stehen in Verbindung mit Christen in anderen Teilen der Welt.
Pfarrer Schubert erzählt: Aus unserer Pfarrgemeinde stammen zwei Ordensleute, Schwester Johanna und Pater Gabriel, die beide in Chile als Missionare arbeiten. In Briefen oder wenn sie wieder einmal nach Hause kommen, erzählen sie von ihrer Arbeit und der Situation der Menschen in diesen Ländern. Sie berichten oft von viel Leid und Not. Dann überlegen wir uns in der Gemeinde, wie wir helfen können, z. B. durch Spenden oder Sammelaktionen. Die Verbundenheit wird auch im Gottesdienst deutlich, wenn wir in den Fürbitten an sie denken.
Es ist aber nicht so, dass wir nur geben. Wir kommen oft ins Staunen und merken, dass wir viel lernen können, wenn wir hören, wie die Christen in ihrer Gemeinde in Chile den Glauben leben.

Meine lieben Freunde,
ich habe euch ja im Frühjahr geschrieben, dass der Pfarrer nur einmal im Monat in unserer Gemeinde Gottesdienst feiern kann, weil seine Pfarrei so groß ist. Aber auch, wenn der Pfarrer nicht kommen kann, treffen sich viele am Sonntag in der Kirche. Sie lesen gemeinsam die Bibel, singen, beten und tauschen sich über die Probleme in ihrem Leben aus. Der Glaube gibt den Menschen Mut und Hoffnung und in der Gemeinschaft finden sie die nötige Kraft für den harten Alltag.
Unsere kleine Kapelle aus Schilfmatten reicht nicht mehr aus, weil bei uns so viele Leute zur Kirche gehen. Deshalb wurde beschlossen, eine richtige Kirche zu bauen. Sie sollte aus Natursteinen sein, die es hier ja zuhauf gibt. Alle Bewohner erklärten sich bereit, sonntags in Gemeinschaftsarbeit an der Kirche mitzubauen. Wie die Ameisen kraxelten jeden Sonntagmorgen Hunderte von Bewohnern auf den Hügeln herum und schleppten Stein für Stein zur Baustelle. Einige waren sehr schwer. Es war ein tolles Erlebnis. Die Nachbarinnen verteilten Tee und Brote. Außerdem gab es auf dem Platz ein großes Fest mit Essen, Spielen, Tombola, Musik und Tänzen, bei dem viel Geld für die Kirche zusammenkam.
An dieser Stelle möchte ich mich auch ganz herzlich bei euch bedanken für eure großzügige Geldspende. Dadurch konnte das Dach der Kirche gedeckt werden. Alle hier sind sehr stolz auf die neue Kirche. Es ist wirklich unsere Kirche. Jeder Stein ist durch unsere Hände gegangen. An jedem Stein klebt unser Schweiß. Bei der Einweihung der Kirche sagte der Bischof: „Diese Kirche aus Stein ist ein Symbol der lebendigen Kirche und der Gemeinschaft der Menschen. So wie jeder einzelne Stein in diesen Mauern unentbehrlich ist, so ist jede und jeder Einzelne von uns in der Gemeinschaft wichtig. Auch die Kleinste und der Schwächste gehören dazu.
Es grüßt euch ganz herzlich
Eure Schwester Johanna

Gut, dass wir einander haben

T/M: Manfred Siebald

2. Keiner, der nur immer jubelt; keiner, der nur immer weint.
Oft schon hat uns Gott in unsrer Freude, unserm Schmerz vereint.
Keiner trägt nur immer andre; keiner ist nur immer Last.
Jedem wurde schon geholfen; jeder hat schon angefasst.

3. Keiner ist nur immer schwach und keiner hat für alles Kraft.
Jeder kann mit Gottes Gaben das tun, was kein andrer schafft.
Keiner, der noch alles braucht, und keiner, der schon alles hat.
Jeder lebt von allen andern; jeder macht die andern satt.

➤ „Gut, dass wir einander haben." Was könnten folgende Personen dazu sagen: Pfarrer Schubert, seine Gemeindemitglieder, Schwester Johanna, die Christen ihrer Gemeinde in Südamerika?

Verbindungen knüpfen

Dieses Bild einer Schülerin erzählt vom Traum vieler Menschen, auch vom Traum Jesu.
Das soll aber kein Traum bleiben: Kinder und Jugendliche in aller Welt knüpfen Verbindungen zueinander, indem sie Gebete miteinander austauschten. So zeigen sie einander etwas von ihren Ängsten und Sorgen, ihren Wünschen und Träumen, von ihrem Leben und ihrem Glauben. Auf diese Weise können sie aneinander denken und füreinander beten. Es entstehen Verbindungen quer über die ganze Welt, ein Gebetsnetz, ein Friedensnetz.

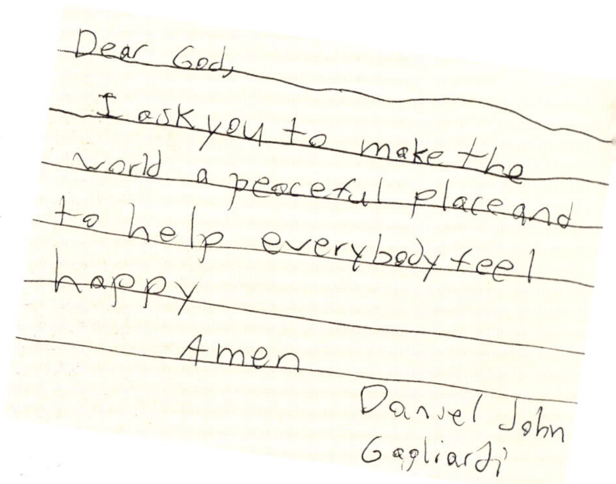
Dear God,
I ask you to make the world a peaceful place and to help everybody feel happy
Amen
Daniel John Gagliardi

Eine Gebetskarte von Daniel, 11 Jahre, aus England

- Überlegt, ob ihr als Klasse an diesem weltweiten Gebetsnetz teilnehmen wollt (www.praynet.de).
  - Gestaltet Karten mit Gebeten und Bildern, die ausdrücken, was euch beschäftigt oder worauf ihr hofft.
  - Sucht mit eurer Lehrerin einen Austauschpartner, an den ihr eure Gebetskarten schicken könnt. Möglicherweise hat eure Schule eine Partnerschaft mit einer Schule in einem anderen Land vereinbart. Bedenkt, dass ihr eure Gebete dann in eine andere Sprache übersetzen lassen müsst. Überlegt, wer euch dabei helfen kann.
- Fertigt gemeinsam eine große Collage an: „So haben wir vom christlichen Glauben erfahren – Menschen, die uns von Gott und Jesus erzählt haben."
- Entwerft ein Quiz: „Was wissen wir von der weltweiten Kirche?". Dabei könnt ihr dieses Schulbuch-Kapitel, aber auch Lexika und Karten aus der Schulbibliothek und Pfarrbücherei und das Internet (www.kindernetz.de/thema/religionen) zu Hilfe nehmen.

6 Mit Bildern und Symbolen sprechen

Gegenstände beginnen zu erzählen

Gespräch zwischen Mutter und Tochter:

M.: Wie es in deinem Zimmer wieder aussieht! Alles liegt kreuz und quer durcheinander!
T.: Die Schränke sind ja schon alle voll. Es ist einfach zu wenig Platz.
M.: Wirf doch wenigstens mal deine alten Kinderbücher weg! Die liest du doch sowieso nicht mehr.
T.: Aber ich ...
M.: Wir könnten sie zum Beispiel deiner kleinen Kusine schenken.
T.: Aber ...
M.: Oder du könntest sie auf dem nächsten Flohmarkt verkaufen.
T.: Ich kann mich aber nicht davon trennen.
M.: Warum denn nicht?

➤ Wie könnte das Gespräch weitergehen?

Tommis Fußballschal

„Das war doch ein tolles Erlebnis, als dein Papa mit dir nach München gefahren ist, um das Spiel Bayern gegen Stuttgart anzuschauen! Damals habt ihr mich gekauft. Immer wenn du mich siehst, kannst du an diesen schönen Tag zurückdenken."

Hannas Teddybär

„Ich war schon bei dir, als du noch in den Kindergarten gingst. Immer wenn du nicht einschlafen konntest, hast du mich fest in den Arm genommen. Ich habe dich schon oft getröstet."

Mutters Perlenarmband

„Als ihr in dem Jahr vor Hannas Geburt in Sizilien wart, hast du mich in einem kleinen Geschäft entdeckt. Das waren für dich traumhafte Ferientage! Ich wünsche dir, dass du wieder einmal so einen schönen Urlaub erleben kannst. Nach der Scheidung bist du ja kaum mehr von zu Hause weggekommen."

Großmutter

Als ihre Haut
kühl und weich
ihre Gedanken pfiffig
ihr Geist hellwach
ihre Freude ungebrochen
und ihre Liebe zu mir
unendlich war
feierte sie ihren
einundneunzigsten Geburtstag
Sechs Wochen später starb sie –
und hinterließ mir
ein Stopfei
und einen hölzernen Quirl
den hatte Großvater
siebzig Jahre zuvor
aus einem Fichtenstämmchen
geschnitzt
Beides halte ich täglich
in meinen Händen

Rainer Hohmann

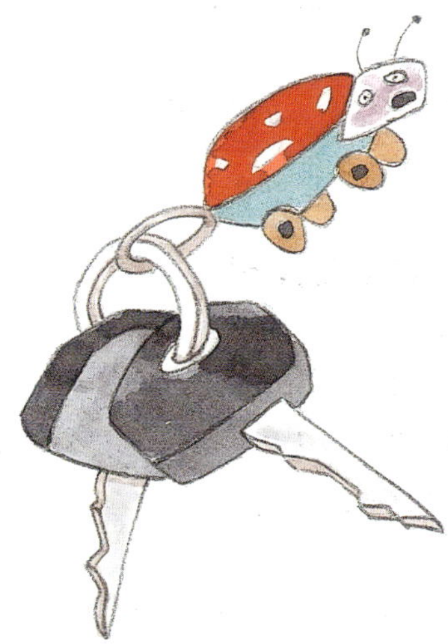

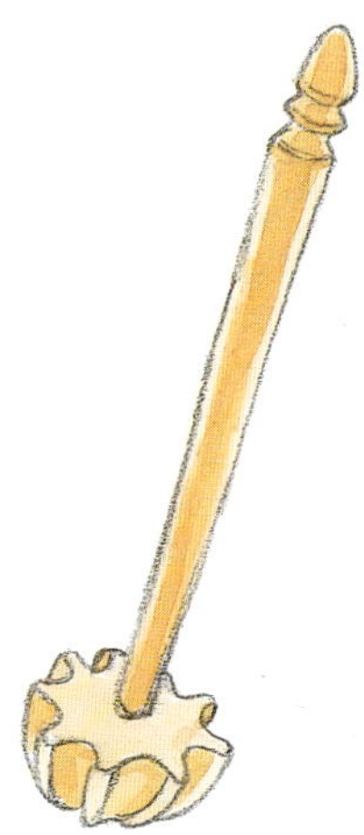

Vaters Autoschlüssel

„Deinen alten VW Käfer gibt es schon lange nicht mehr, aber zur Erinnerung hast du mich behalten. Es war dein allererstes Auto. Dafür hast du damals lange gespart. Du warst mit deinen neunzehn Jahren sehr stolz darauf."

➤ Bringt von zu Hause Gegenstände mit, die für euch wichtig sind. Macht eine Ausstellung damit und erzählt, was sie euch bedeuten.

Der Baum – ein Bild für das Leben

Ein Baum erzählt:
„Tief reichen meine Wurzeln in die Erde. Stürme und Unwetter können toben, mich schütteln und biegen. Meine Wurzeln geben mir festen Halt. Durch sie strömt immer neue Lebenskraft. So kann ich wachsen und reifen. Ich breite mich aus, strecke meine Äste und Zweige in alle Richtungen, der Sonne entgegen. Mit meinem Blättermeer nehme ich Licht auf und atme Sauerstoff aus, den andere Lebewesen zum Leben brauchen. Die Farben meiner Blätter erzählen von den Jahreszeiten. Im Frühjahr schmücke ich mich mit Blüten. Im Herbst trage ich Früchte. Vögel nisten in meinen Zweigen und viele andere Tiere finden Wohnung bei mir. In meinem Schatten ruhen sich Menschen und Tiere gern aus. Viele erfreuen sich an meinen Früchten."

Gesegnet der Mann, der auf den Herrn sich verlässt und dessen Hoffnung der Herr ist. Er ist wie ein Baum, der am Wasser gepflanzt ist und am Bach seine Wurzeln ausstreckt: Er hat nichts zu fürchten, wenn Hitze kommt; seine Blätter bleiben grün; auch in einem trockenen Jahr ist er ohne Sorge, unablässig bringt er seine Frucht.

Jer 17,7-8

- Bäume haben von jeher für die Menschen eine besondere Bedeutung. Erzählt, welche Erfahrungen ihr mit Bäumen verbindet.
- Wenn du dich in einen Baum verwandeln könntest, was für ein Baum möchtest du sein? Male ein Bild oder schreibe ein Baumgedicht.
- In den Bildern und Texten könnt ihr entdecken, wie Bäume vom Leben und vom Glauben erzählen.

In Wort-Bildern sprechen

Da geht einem ja der Hut hoch!

Mit dem Kopf durch die Wand wollen

Aus allen Wolken fallen

Jemanden auf den Arm nehmen

Mir steht das Wasser bis zum Hals.

Der kann mir den Buckel runter rutschen

- Was ist mit diesen Redewendungen gemeint?
- Sucht nach weiteren Redewendungen.

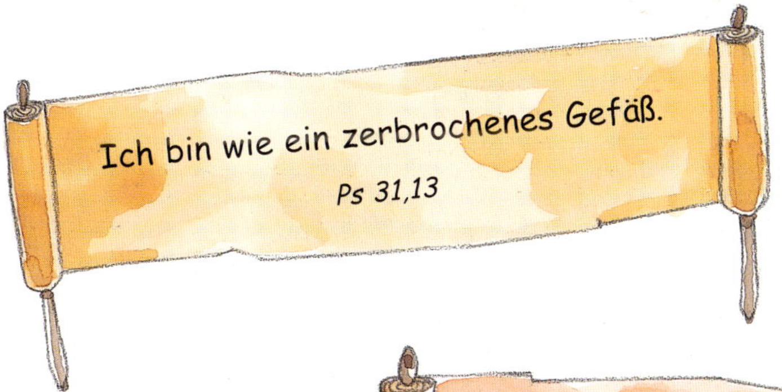

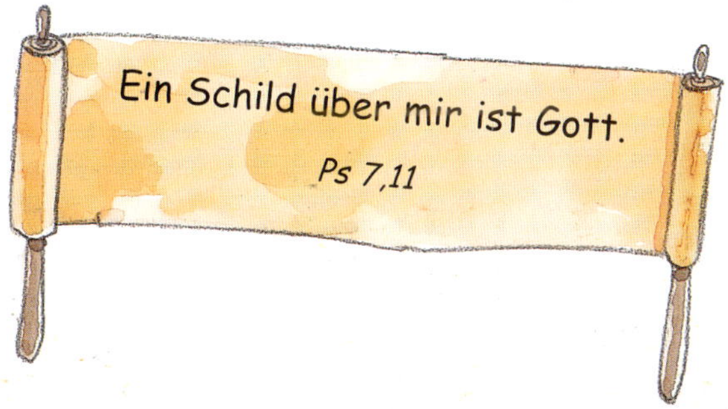

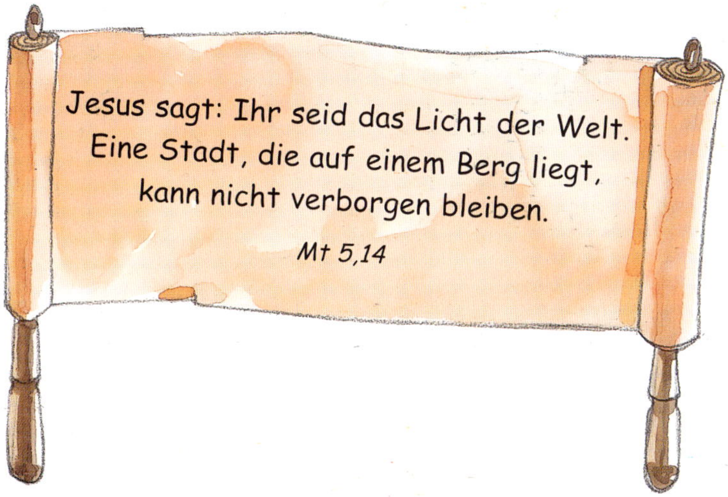

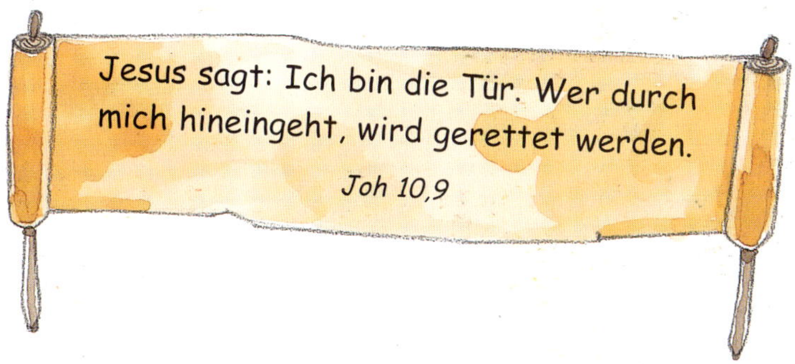

- Was hat ein Mensch erlebt, der so wie in den Psalmen (Ps) spricht?
- Findet heraus, was Jesus mit seinen Bild-Worten den Menschen sagen will.
- Sucht euch einen Text aus und schreibt dazu eine Geschichte.

Ohne Worte sprechen

Tommy Tulpe

Heute haben wir Thomas beerdigt. Das ganze Dorf ist mitgegangen. Viele haben Blumen mitgebracht. Und die Kränze trugen alle leuchtende Blumen, gelbe und weiße, blaue, rote und violette.
Mit sechs Jahren ist Thomas gestorben. Jeder im Dorf hat ihn gekannt, vielleicht besser als den Bürgermeister und den Pfarrer. „Er war immer froh, obwohl er so krank war!", sagt Schwester Ilse aus der Klinik in Göttingen.
Dass Thomas eine geistige Behinderung hatte, das wussten alle im Dorf. Er hatte erst spät angefangen, überhaupt etwas zu sprechen. Aber lachen konnte Thomas! Und er freute sich mit jedem, dem er begegnete. Später lernte er sogar auf dem Dreirad zu fahren. „Wirklich, dann glaubte man gar nicht, dass er eine so schwere Behinderung hatte!", sagte der Briefträger und lächelte ein bisschen, als er sich daran erinnerte.
„Im letzten Jahr hat er immer bei uns die Milch geholt!", erzählt Frau Scheibner. „Die Milchkanne hatte er an der Lenkstange hängen. Er fuhr sehr vorsichtig. Nicht einen einzigen Tropfen hat er verschüttet. Und oft hat er mir Blümchen mitgebracht. Manchmal war es auch nur ein Gras oder ein Unkraut, das er auf dem Weg zu uns gefunden hatte. Aber er schenkte es mir mit so viel Freude, dass ich sein Geschenk gerne angenommen habe. Ich habe ihm zuliebe sogar das Unkraut in die Blumenvase gestellt!", sagt sie.
„Er hat immer bei uns das Brot geholt!", sagt der alte Bäcker Martens. „Und er war nicht zufrieden, wenn man ihn einfach nur so bediente. Ich musste immer um die Theke herumkommen und ihm die Hand geben. Ohne das ging es nicht!"
Jetzt ist es fast acht Monate her, dass Thomas an Leukämie erkrankte. Seine Mutter sagt: „Ja, es war richtig, dass wir ihn nach Hause genommen haben. Über zwei Monate lang haben wir ihn noch bei uns haben dürfen. Und seine Fröhlichkeit ist zurückgekommen. Und immer dieselben Kassetten hat er gehört, besonders das Lied von der dicken Raupe. Dann hat er sich hingestellt und gespielt, wie sich die dicke Raupe in einen Schmetterling verwandelt. ‚Gleich fliege ich', hat er gesagt und seine Arme weit ausgebreitet." „Was Sie für den kleinen Thomas alles getan haben!", sagt Frau Krüger, die Nachbarin. „Was Thomas für uns getan hat ...", sagt der Vater leise. „Obwohl er so krank war, hat er uns getröstet, wenn wir traurig waren." So einer war Thomas. Heute haben wir Thomas beerdigt. „Ich bin so glücklich, dass so viele Blumen auf seinem Grab sind!", sagt der Vater. „Thomas hatte Blumen so gern. Deshalb haben wir ihn immer Tommy Tulpe genannt."
„Er hat ein Licht in uns angezündet!", hat der Pfarrer bei der Beerdigung gesagt. „Ein Licht auf unserm Weg." –
„Ja, so einer war Thomas!", sagt seine Mutter.

Rolf Krenzer

- „Reden ohne Worte": Sucht in der Geschichte nach Beispielen.
- „Er hat ein Licht in uns angezündet": Was meint der Pfarrer damit?
- Sucht weitere Beispiele für das „Reden ohne Worte".

Jesus stand vom Mahl auf, legte sein Gewand ab und umgürtete sich mit einem Leinentuch. Dann goss er Wasser in eine Schüssel und begann den Jüngern die Füße zu waschen und mit dem Leinentuch abzutrocknen, mit dem er umgürtet war. Als er zu Simon Petrus kam, sagte dieser zu ihm: Du, Herr, willst mir die Füße waschen?
Als er ihnen die Füße gewaschen, sein Gewand wieder angelegt und Platz genommen hatte, sagte er zu ihnen: Begreift ihr, was ich an euch getan habe?

Joh 13, 4-6.12

➤ Deutet die Körperhaltung und Gesten von Jesus und Petrus auf dem Steinrelief.

Märchen erzählen vom Leben

Es war einmal ein König, der war krank, und niemand glaubte, dass er mit dem Leben davonkäme. Er hatte aber drei Söhne, denen eines Tages im Schlossgarten ein alter Mann begegnete. Die Söhne sagten ihm, ihr Vater wäre so krank, dass er wohl sterben müsse, denn es wolle ihm nichts helfen. Da sprach der Alte: „Ich kenne ein Mittel, das ist das Wasser des Lebens. Wenn er davon trinkt, so wird er wieder gesund. Es ist aber schwer und gefahrenvoll zu finden."

Da sprach der älteste Sohn: „Ich will es schon finden", hatte aber nicht den Vater, sondern nur seinen eigenen Vorteil im Sinn. Also machte er sich auf, und als er eine Zeit lang geritten war, stand da ein Zwerg auf dem Weg, der rief ihn an: „Wo hinaus so geschwind?" „Dummer Knirps", sagte der Sohn ganz stolz, „das brauchst du nicht zu wissen" und ritt weiter. Das kleine Männchen aber war zornig geworden und hatte einen bösen Wunsch getan. Der Prinz geriet bald danach in eine Bergschlucht und je weiter er ritt, desto enger taten sich die Berge zusammen und endlich war der Weg so eng, dass er keinen Schritt weiterkonnte. Da saß er wie eingesperrt.

Da nun der Älteste auf sich warten ließ und nicht heimkam, sagte der Zweite: „Vater, lasst mich ausziehen und das Wasser suchen!" und dachte bei sich: Ist mein Bruder tot, so fällt das Reich mir zu. Also zog er gleichen Weges fort und begegnete demselben Zwerg. Der hielt ihn wieder an und fragte: „Wo hinaus so geschwind?" – „Dummer Knirps", sagte auch der zweite Prinz, „das brauchst du nicht zu wissen" und ritt fort ohne sich umzusehen. Aber der Zwerg verwünschte ihn und der zweite Sohn geriet wie der erste in eine Bergschlucht und konnte nicht vorwärts noch rückwärts. Wie nun auch der Zweite ausblieb, sagte der Jüngste, er wolle ausziehen und das Wasser des Lebens holen, und er tat so. Als er den Zwerg auf seinem Wege traf und der ihn fragte: „Wo hinaus so geschwind?", antwortete er ihm: „Ich suche das Wasser des Lebens, weil mein Vater sterbenskrank ist." – „Weißt du denn, wo es zu finden ist?" – „Nein", sagte der jüngste Prinz. „So will ich dir's sagen, weil du mir so ordentlich Rede gestanden hast: Es quillt aus einem Brunnen, in einem verwunschenen Schloss, von Hindernissen umlagert, und damit du dazu gelangst, gebe ich dir eine eiserne Rute und zwei Laibe Brot. Mit der Rute schlage dreimal an das eiserne Tor, so wird es aufspringen. Inwendig liegen zwei Löwen, die den

Rachen aufsperren, wenn du aber jedem ein Brot hineinwirfst, so werden sie still. Und dann eile dich und hol von dem Wasser des Lebens, bevor es zwölf schlägt, sonst schlägt das Tor zu und du bist eingesperrt." Da dankte ihm der Junge, ging hin und fand alles, wie der Zwerg gesagt hatte. Er überwand das Tor und die Löwen und schritt durch die Gänge und Räume des Schlosses, ein um das andere Mal versucht, zu verweilen und sein Ziel zu vergessen. Da war ein großer Saal mit Kostbarkeiten, die er missachtend zurückließ. Dann gelangte er in ein Zimmer, darin war eine Prinzessin, die freute sich, als sie ihn sah, küsste ihn und sagte, er möge in einem Jahr wiederkommen und sie heiraten.

Sie sagte ihm auch, wo der Brunnen wäre mit dem Lebenswasser, er müsse sich aber eilen und daraus schöpfen, bevor es zwölf schlüge.
Da ging er weiter und kam endlich in ein Zimmer, darin stand ein schönes, frisch gedecktes Bett, und weil er müde war, wollte er sich ein wenig ausruhen. Also legte er sich und schlief ein; wie er aber aufwachte, schlug es drei Viertel auf zwölf. Da sprang er ganz erschrocken auf, lief zum Brunnen und schöpfte sich einen Becher, der daneben stand, voll und eilte, dass er fort kam. Wie er eben zum eisernen Tor hinausging, da schlug es zwölf und das Tor fuhr so heftig zu, dass es ihm noch ein Stück von der Ferse wegnahm.
So wurde sein Vater, der König, gesund und als ein Jahr um war, ritt der Jüngste wieder zum Schloss. Als er vor das Tor kam, ward es aufgetan und die Königstochter empfing ihn mit Freuden und sagte, er wäre ihr Erlöser und der Herr des Königsreiches; und es ward Hochzeit gehalten mit großer Glückseligkeit.

Nach: Gebrüder Grimm

- Schreibt auf, was ihr mit den einzelnen Bildern des Märchens verbindet.
- Was führt zum Leben, was behindert das Leben?
  Untersucht dies am Handeln der drei Söhne.

Die Bibel erzählt vom Leben

Alle Menschen hatten die gleiche Sprache und gebrauchten die gleichen Worte. Als sie von Osten aufbrachen, fanden sie eine Ebene im Land Schinar und siedelten sich dort an. Sie sagten zueinander: Auf, formen wir Lehmziegel und brennen wir sie zu Backsteinen. So dienten ihnen gebrannte Ziegel als Steine und Erdpech als Mörtel. Dann sagten sie: Auf, bauen wir uns eine Stadt und einen Turm mit einer Spitze bis zum Himmel und machen wir uns damit einen Namen ... *Gen 11,1-4*

- Erzählt die Geschichte weiter. Lest in der Bibel die Geschichte zu Ende.
- „Einen Turm mit einer Spitze bis zum Himmel bauen"; „sich einen Namen machen". Überlegt, welche Wünsche damit ausgedrückt werden.

Turmbaulied

T: Rolf Krenzer/M: Ludger Edelkötter © KiMu Kindermusikverlag

2. Kommt her und schaut euch an, was jeder von uns kann. Ach, sind wir klug und schlau, drum glückt auch dieser Bau.
3. Stärke und Macht und Geld regieren nur die Welt. Schwache unterliegen, weil nur die Stärksten siegen.
4. Wir sind die Herrn der Welt und tun, was uns gefällt. Wir werden mächtig sein wie dieser Turm aus Stein.

➤ „Ganz oben sein ..."
„Keinen über sich haben ..."
„Der Mächtigste sein ..."
„Die Erfolgreichste sein ..."
Sammelt Zeitungsausschnitte, die von solchen Wünschen und Erfahrungen berichten, und gestaltet damit einen Turm.

Bilder vom Reich Gottes

Vor 2000 Jahren in Kafarnaum. Fremde Soldaten belagern die Stadt. Die Römer haben das Land erobert und zu einer Provinz am äußersten Rand des riesigen Reiches gemacht. Kafarnaum liegt am See Gennesaret und die Felder um den See sind sehr fruchtbar. Doch der römische Kaiser verlangt hohe Steuern und beutet das Land aus, wo es nur geht. So werden viele Menschen sehr arm und wissen nicht, wovon sie am nächsten Tag leben sollen. Die Reichen kümmert es nicht. Am härtesten trifft es Witwen, Waisen und Kranke. In der Stadt und auf dem Land sieht man immer mehr Bettler.

Junge Männer laufen von zu Hause fort und ziehen sich in unwegsames Gelände zurück. Sie wollen für die Freiheit kämpfen. Doch solche Aufstände schlagen die römischen Soldaten stets grausam nieder. Überall im Land weinen Frauen um ihre Männer und Söhne. Und das Elend wird immer größer, die Lage immer hoffnungsloser. Manche verlieren sogar ihren Glauben an einen guten Gott. Andere fürchten, dass Gott sie verlassen hat. Manche zweifeln daran, dass Gott selbst bald Gerechtigkeit schaffen wird. Die Hoffnung geht aber nie ganz verloren.

Eines Tages kommt ein Fremder aus Nazaret; er ist einer von ihnen und lebt wie sie, aber er denkt und redet ganz anders. Auf einem Berg, draußen vor der Stadt, spricht er. Viele strömen hinaus, um seine Botschaft zu hören. Was er sagt, lässt sie aufhorchen. „Glaubt mir", sagt er, „alles wird ganz anders, wenn Gottes Herrschaft anbricht."

Die Menschen hören seine Botschaft:

SELIG die Trauernden;
denn sie werden getröstet werden.
SELIG, die keine Gewalt anwenden;
denn sie werden das Land erben.
SELIG, die hungern und dürsten
nach der Gerechtigkeit;
denn sie werden satt werden.
SELIG die Barmherzigen;
denn sie werden Erbarmen finden.
SELIG, die ein reines Herz haben;
denn sie werden Gott schauen.
SELIG, die Frieden stiften;
denn sie werden Kinder Gottes genannt.

Mt 5,4-9

➤ Schreibt die Hoffnungssätze Jesu für andere Lebensbereiche weiter:

Selig die Einsamen, denn ...
Selig die Kinder, denn ...
Selig die Verzweifelten, denn ...

Wie ein Lauffeuer verbreitet sich Jesu Hoffnungsbotschaft vom Reich Gottes. Es macht die Menschen froh, wenn er sagt: Gott lässt euch nicht im Stich. Trauernde werden getröstet. Hungrige werden satt ... Aber es gibt auch viele, die sagen: Das, was Jesus uns da erzählt, ist doch nur ein schöner Traum.
Wie soll das wahr werden?

Jesus sagt: Das Reich Gottes gleicht einem Senfkorn. Dieses ist das kleinste von allen Samenkörnern, die man in die Erde sät. Ist es aber gesät, dann geht es auf und wird größer als alle anderen Gewächse und treibt große Zweige, sodass in seinem Schatten die Vögel des Himmels nisten können.

Mk 4,30-32

Wenn du genau hinschaust, kannst du neben den Blüten den kleinen Samen der Senfstaude in der Hand liegen sehen. Die Samen des schwarzen Senfs, wie er in Israel wächst, sind winzig klein.
Ihr Durchmesser ist kleiner als 1 Millimeter und 1000 Samenkörner wiegen nur 1 Gramm.

Aus diesen kleinen Samen werden innerhalb von drei Monaten solche gelb blühenden Senfstauden. Sie werden bis zu vier Meter groß. In der Gegend vom Toten Meer wachsen sogar noch größere Senfbäume.

- Stellt das Wachstum der Senfstaude mit eurem Körper dar. Versucht dies mit Instrumenten zu verklanglichen.
- Das Reich Gottes kann bei uns klein anfangen und wachsen. Suche dafür Beispiele: „Wenn ich einen Traurigen tröste, dann ...", „Wenn ich ..."

Komm, bau ein Haus

T: F. K. Barth, P. Horst, H.-J. Netz/M: Peter Janssens

2. Lad viele Kinder ein ins Haus,
versammle sie bei unsrem Baum,
lass sie dort fröhlich tanzen,
wo keiner ihre Kreise stört,
lass sie dort lange tanzen,
wo der Himmel blüht.

3. Lad viele Alte ein ins Haus,
bewirte sie bei unsrem Baum,
lass sie dort frei erzählen,
von Kreisen, die ihr Leben zog,
lass sie dort lang erzählen,
wo der Himmel blüht.

4. Komm wohn mit mir in diesem Haus,
begieß mit mir diesen Baum,
dann wird die Freude wachsen,
weil unser Leben Kreise zieht,
dann wird die Freude wachsen,
wo der Himmel blüht.

➤ Gestaltet einen Baum oder ein Haus der Hoffnung mit euren Vorstellungen vom Reich Gottes.

➤ Sucht in der Bibel Gleichnisse vom Reich Gottes, die Jesus erzählt hat. Ihr könnt sie spielen!

➤ Schreibt eigene Hoffnungsgeschichten vom Reich Gottes.

7 Kirchen und Konfessionen – ein Evangelium

Katholisch – evangelisch

➤ Welche Stunde beginnt für die Klasse 4a?

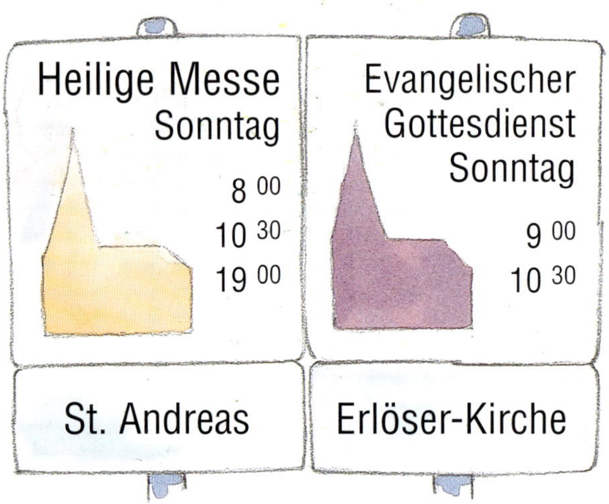

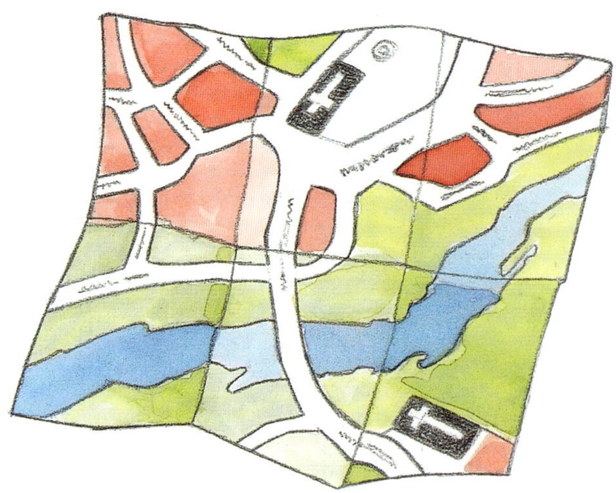

➤ Zeichnet in euren Ortsplan die verschiedenen Kirchen ein, die es bei euch gibt.

Kinder aus der ersten und zweiten Klasse antworten so:

„Weil es uns sonst so langweilig wäre."

„Damit man sich im Religionsunterricht aufteilen kann."

„Damit nicht alle dasselbe sind."

„Damit es zwei verschiedene Religionslehrer gibt."

„Weil eine Kirche allein zu überfüllt wäre, weil nicht alle Leute in der gleichen Kirche Platz hätten."

„Ich bin katholisch und meine Mama ist auch katholisch, weil die Mama ja bei der Oma geboren ist. Und die Oma ist ja auch katholisch."

„Evangelisch und katholisch gibt es wegen der Taufen. Dass man da getauft wird und der Gott sagt zu den Eltern, die sind evangelisch und dann weiß der Junge auch, dass er evangelisch ist und dann ist er für immer evangelisch, auch wenn er groß ist."

„Man wird da mit Wasser so getauft, mit evangelischem oder katholischem Wasser."

- Sprecht über die Antworten der Kinder.
- Sucht nach eigenen Erklärungen.

Gemeinsamer Anfang – Wege trennen sich

Nach Ostern verkünden die Jünger mit Feuereifer die Botschaft von Jesus Christus. Im ganzen Römischen Reich verbreiten sie den christlichen Glauben. In den Städten bilden sich zunächst Hausgemeinschaften und bald auch größere Gemeinden. Sie feiern Gottesdienst und versuchen nach der Botschaft Jesu zu leben. Da sie sich weigern, den römischen Kaiser wie einen Gott zu verehren, kommt es zu schlimmen Verfolgungen. Viele Christen werden hingerichtet. Wir verehren sie heute als Märtyrer.
Um das Jahr 300 n. Chr. wendet sich der spätere römische Kaiser Konstantin dem christlichen Glauben zu. Die Verfolgung der Christen endet. Bald danach wird das Christentum als Religion im ganzen Reich anerkannt. Der Sonntag wird Feiertag. Überall werden große Kirchen gebaut, damit die vielen Christinnen und Christen Gottesdienst feiern können.
Unter den Christen gibt es immer wieder Meinungsverschiedenheiten. Um diese zu klären, versammeln sich fast alle Bischöfe der Kirche. Solche Versammlungen nennt man Konzilien*. Auf zwei Konzilien formulieren die Bischöfe, was alle Christen glauben: das „Große Glaubensbekenntnis".
Trotzdem kommt es im Laufe der Jahrhunderte zu Spaltungen.

Die erste große Trennung

Im Römischen Reich bilden sich im Laufe der Zeit zwei Zentren der Macht heraus, Rom und Konstantinopel. Es gibt zwei Kaiser. Auch im Glauben und in der Frömmigkeit werden die Unterschiede immer größer. So kommt es 1054 zur Trennung. Für die „orthodoxen Christen" im Osten wird Konstantinopel das Zentrum, für die übrigen Christen Rom.

Orthodoxe Christen

In der orthodoxen Kirche* spielt die Feierlichkeit des Gottesdienstes eine größere Rolle. Sehr beeindruckend sind die mehrstimmigen Gesänge. Der Bereich des Altars wird durch eine Bilderwand (Ikonostase) vom Raum der Gläubigen getrennt. Die Bilder (Ikonen) stellen Szenen aus dem Leben Jesu und dem Leben der Heiligen dar. Für orthodoxe Christen sind solche Bilder wie Fenster zum Himmel. Sie verehren die Bilder und zünden vor ihnen Kerzen an.

Eine weitere Trennung

Wieder ungefähr 500 Jahre später kommt es in der katholischen Kirche zu einem folgenschweren Streit über den rechten Glauben. Dabei spielte der Mönch und Theologe Dr. Martin Luther eine wichtige Rolle. Seitdem gibt es evangelische und katholische Christinnen und Christen.

Martin Luther –

Martin Luther wird am 10. November 1483 in Eisleben geboren. Seine Eltern sind fromme Christen. Er wird streng erzogen. In der Lateinschule wird hart bestraft, wer nicht lernt. In der Religion herrscht die Angst vor der Bestrafung durch Gott. Schon als Kind sieht Martin in Gott vor allem einen strengen Richter. Er hat Angst, zu wenig fromm zu sein und deshalb von ihm nicht geliebt zu werden.
Martin beginnt zu studieren und entschließt sich in Erfurt ins Augustinerkloster einzutreten. Als Mönch lebt er in Armut, verspricht dem Vorsteher des Klosters gehorsam zu sein und unverheiratet zu bleiben.
Auch als Mönch begleitet ihn die Angst. Er fragt sich: „Bin ich fromm genug, bete ich genügend, faste ich lange genug, reichen meine guten Werke aus? Was muss ich noch tun, um Gott zu gefallen?"
Martin Luther wird Professor der Theologie. Da macht er beim Studium der Bibel eine Entdeckung, die sein Leben verändert. Im Brief des Apostels* Paulus an die Römer findet er die befreiende Erkenntnis für sich: Nicht die guten Werke sind dafür entscheidend, dass Gott den Menschen annimmt; entscheidend ist der Glaube an den liebenden Gott. Da verliert Luther die Angst vor dem strengen Gott, vor dem er sich gefürchtet hatte. Er ist ein von Gott geliebter Mensch, wenn er nur glaubt!
Am 31. Oktober 1517 teilt er seine Entdeckung einzelnen Bischöfen mit. Im Brief tadelt er auch die Praxis von Christen, die sich mit Geld von ihren Sündenstrafen loskaufen wollen. Weil Martin gegen diese Missstände kämpft und nur die Bibel gelten lässt, kommt es zur Auseinandersetzung mit den Bischöfen und dem Papst, aber auch mit dem Kaiser. Martin wird aus der Kirche ausgeschlossen. Er muss sich sogar vor seinen Verfolgern verstecken.
Auf der Wartburg übersetzt er das Neue Testament aus dem Griechischen und später das Alte Testament aus dem Hebräischen.
Viele Christen schließen sich Martin Luther an.
In der Folgezeit trennen sich die Anhänger Luthers von der katholischen Kirche.

Viele hundert Jahre gingen sich evangelische und katholische Christinnen und Christen aus dem Weg; manchmal begegneten sie sich sogar feindselig. Daneben gab es immer wieder Versuche, Wege zueinander zu finden. Evangelische und katholische Christen entdecken viele Gemeinsamkeiten, vor allem, dass Jesus Christus ihr gemeinsamer Herr ist.

- Der 31. Oktober ist für die evangelischen Christen ein besonderer Tag. Warum?
- Sucht auf einer Karte den Geburtsort Martin Luthers, die Stadt Wittenberg und die Wartburg (bei Eisenach).
- Ladet in eure Religionsstunde eure evangelischen Mitschülerinnen und Mitschüler ein und fragt sie nach Martin Luther.
- Erklärt, wie es zur Entstehung der evangelischen Kirche kam.
- Betrachtet das Bild und lasst Martin Luther sprechen.

Unterschiede wahrnehmen

- Findet heraus, welche der abgebildeten Kirchen die katholische, welche die evangelische Kirche ist.
- Entdeckt Unterschiede und Gemeinsamkeiten der beiden Kirchen.
- Sucht nach Erklärungen für die Unterschiede.

➤ Besucht mit euren evangelischen Mitschülerinnen und Mitschülern eine evangelische und eine katholische Kirche in eurer Nähe.

Unterschiede wahrnehmen

– im Leben der Christen

➤ Anja und Uwe zeigen einander ihre Fotoalben.

Gemeinsamkeiten entdecken

So bekennen evangelische Christen:

Ich glaube an Gott,
den Vater, den Allmächtigen,
den Schöpfer des Himmels und der Erde,
und an Jesus Christus,
seinen eingeborenen Sohn, unsern Herrn,
empfangen durch den Heiligen Geist,
geboren von der Jungfrau Maria,
gelitten unter Pontius Pilatus,
gekreuzigt, gestorben und begraben,
hinabgestiegen in das Reich des Todes,
am dritten Tage auferstanden von den Toten,
aufgefahren in den Himmel,
er sitzt zur Rechten Gottes, des allmächtigen Vaters,
von dort wird er kommen
zu richten die Lebenden und die Toten.
Ich glaube an den Heiligen Geist,
die heilige christliche Kirche,
Gemeinschaft der Heiligen,
Vergebung der Sünden,
Auferstehung der Toten
und das ewige Leben.
Amen.

So bekennen katholische Christen:

Ich glaube an Gott,
den Vater, den Allmächtigen,
den Schöpfer des Himmels und der Erde,
und an Jesus Christus,
seinen eingeborenen Sohn, unsern Herrn,
empfangen durch den Heiligen Geist,
geboren von der Jungfrau Maria,
gelitten unter Pontius Pilatus,
gekreuzigt, gestorben und begraben,
hinabgestiegen in das Reich des Todes,
am dritten Tage auferstanden von den Toten,
aufgefahren in den Himmel,
er sitzt zur Rechten Gottes, des allmächtigen Vaters,
von dort wird er kommen
zu richten die Lebenden und die Toten.
Ich glaube an den Heiligen Geist,
die heilige katholische Kirche,
Gemeinschaft der Heiligen,
Vergebung der Sünden,
Auferstehung der Toten
und das ewige Leben.
Amen.

VATER UNSER IM HIMMEL,
geheiligt werde dein Name.
Dein Reich komme.
Dein Wille geschehe,
wie im Himmel, so auf Erden.
Unser tägliches Brot gib uns heute.
Und vergib uns unsere Schuld,
wie auch wir vergeben unsern Schuldigern.
Und führe uns nicht in Versuchung,
sondern erlöse uns von dem Bösen.
Denn dein ist das Reich und die Kraft
und die Herrlichkeit in Ewigkeit.
Amen.

- Schreibt in der Kleingruppe die Überschriften zu den einzelnen Texten und Fotos auf Kärtchen.
- Schreibt wichtige Gemeinsamkeiten im Leben von evangelischen und katholischen Christen, die auf diesen Seiten fehlen, ebenfalls auf Kärtchen.
- Ordnet sie nach der Wichtigkeit. Das Wichtigste legt ihr in die Mitte.
- Findet in der Klasse eine gemeinsame Anordnung und begründet sie.
- Bittet die evangelische Religionsgruppe, die gleichen Aufgaben zu lösen, und vergleicht dann.

Nun singe Lob, du Christenheit

GL 638, EG 265

Verschieden sein – miteinander Christ sein

Florian telefoniert mit seinem Freund Markus: „Meine Eltern gehen heute Abend in den ökumenischen Gottesdienst. Da habe ich den Fernseher für mich allein, prima!" Markus fragt zurück: „Was heißt eigentlich ökumenisch? Was machen die dort?" Florian weiß es auch nicht. Er wird im Lexikon nachschauen. Außerdem wird er seine Eltern fragen, wenn sie zurückkommen.

So sieht das Zeichen der ökumenischen Bewegung aus (Oikoumene ist das griechische Wort zum deutschen Wort Ökumene*).

➤ Überlegt, was die einzelnen Zeichen bedeuten:
- der Kreis,
- das Kreuz im Kreis,
- das Schiff auf den Wellen.

Herzliche Einladung
zu unserer Frühschicht

Mittwoch, um 7.30 Uhr

in unserem neuen
Meditationsraum.

Wir freuen uns auf dich!

*Die katholischen und
evangelischen
Schüler/innen
der vierten Klassen*

Die Nummer
gegen Kummer
freecall
0 800 – 111 0 333
Kinder- und Jugendtelefon

TelefonSeelsorge
0800-1110111 0800-1110222

➤ Auf diesen Seiten seht ihr einige Aktivitäten, die evangelische und katholische Christen unternehmen. Teilt euch in Gruppen auf und versucht Näheres über die einzelnen Aufgaben in Erfahrung zu bringen. Stellt eure Ergebnisse in der Klasse vor.

Miteinander Gottesdienst feiern

Am Ende eurer Grundschulzeit könnt ihr zusammen mit den evangelischen Mitschülerinnen und Mitschülern einen ökumenischen Abschlussgottesdienst feiern.
Hier findet ihr einige Anregungen:

Eine Gruppe
malt oder schreibt auf Plakate, was für sie in ihrer Grundschulzeit wichtig war, und stellt ihre Ergebnisse im Gottesdienst vor.

Die zweite Gruppe
versucht das Evangelium zu spielen, das die Religionslehrerin, der Religionslehrer ausgewählt hat.

Die dritte Gruppe
überlegt: Wofür wollen wir danken und wem wollen wir danken?
Ihr könnt so beginnen: Gott, wir danken für ...

Danket, danket dem Herrn

GL 283
T/M: 18. Jahrhundert

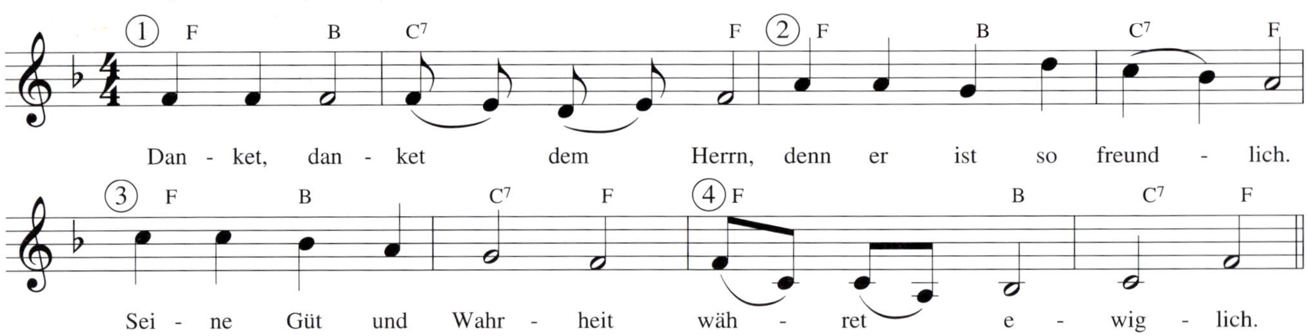

Eine vierte Gruppe
stellt die Fürbitten zusammen:
Wir bitten für ... Wir bitten, dass ...

Die fünfte Gruppe
sucht Lieder aus, die zum Thema des Gottesdienstes passen und die alle Kinder gerne singen.

Die sechste Gruppe
bereitet das anschließende Fest vor, schmückt den Raum, überlegt, was es zu essen und zu trinken gibt, denkt an Spiele und an Tanz, schreibt Einladungskarten ...

Das Ich-Buch kennst du schon aus dem 2. und 3. Schuljahr. In *fragen – suchen – entdecken* 2 und 3 findest du viele Anregungen für die Gestaltung. Wenn du in deinem alten Ich-Buch noch viel Platz hast, kannst du auch dort weiterschreiben.
Einige Ideen für das 4. Schuljahr findest du auf der folgenden Seite.

In der Freizeit

- Inlineskater
- Fahrrad
- Volleyball

In der Klasse

- Ein Ausflug
- Ein Klassenfest
- Ich lerne Englisch.
- Ein besonderer Tag

Im Religionsunterricht

- Eine biblische Erzählung, die mir wichtig ist.
- Ich denke über mich nach.
- Mein Lieblingsgebet
- Ein Lied
- Ein Psalm, den ich geschrieben habe

Ich gehe in eine andere Schule

- Worauf freue ich mich?
- Wovor habe ich Angst?
- Was ich mir wünsche

Allerlei von mir

- Ein Gedicht von mir
- Eine Geschichte, die ich erfunden habe
- Fotos von mir

Abraham
Das Alte Testament schreibt vom Lebens- und Glaubensweg des orientalischen Wanderhirten Abraham. Die Überlieferung erzählt, dass er den Ruf Gottes verspürt hatte, seine Heimat zu verlassen und sich ganz der Führung Gottes anzuvertrauen. Obwohl sein Glaube oft schweren Prüfungen ausgesetzt war, verlor er nie das Vertrauen, dass Gott alles zum Guten führt. Die Israeliten sahen in der Erzählung von Abraham immer auch die Geschichte ihres eigenen Volks dargestellt. Von Juden, Christen und Muslimen wird er als ihr gemeinsamer Stammvater im Glauben verehrt.

Apostel
Das Wort Apostel bedeutet „Ausgesandter", Verkünder einer religiösen Botschaft. Jesus sandte seine Jünger aus, um überall die Botschaft vom Reich Gottes zu verkündigen. Die zwölf Jünger, die zum engeren Kreis um Jesus gehörten, werden Apostel genannt. Auch Paulus und andere Glaubenszeugen bezeichneten sich als Apostel. Paulus war nach einer Erscheinung des auferstandenen Jesus Christ geworden

Ein Mosaikbild des → Apostels Paulus

und sah nun seine Lebensaufgabe darin, den Glauben auch in den Ländern außerhalb Israels zu verbreiten. Dabei kam er bis nach Griechenland und gründete überall christliche Gemeinden. Durch Briefe blieb er mit ihnen in Verbindung. Paulus soll bei einer Christenverfolgung in Rom hingerichtet worden sein.

Aussatz
Aussatz ist in der Bibel der Name für bösartige und ansteckende Erkrankungen der Haut. Die Aussätzigen galten als unrein, sie mussten sich von den Siedlungen der Menschen fernhalten. Sie durften weder die Stadt Jerusalem betreten noch den Tempel zum Gottesdienst. In den Augen der Menschen waren sie von Gott geschlagen.
Die Heilung eines Aussätzigen gilt in der Bibel als äußerst schwierig. Jesus berührte Aussätzige und heilte sie. Sie wurden rein und konnten wieder am Gottesdienst der Gemeinde teilnehmen. Sie wurden auch in die menschliche Gemeinschaft aufgenommen und brauchten nicht mehr abgesondert zu leben.

Benediktiner/innen
Benediktiner/innen sind Mönche und Nonnen, die nach der Regel des heiligen Benedikt von Nursia leben. Sie versprechen ehelos und in Armut zu leben und Gott und den Oberen (Äbten) zu gehorchen. Täglich versammeln sie sich mehrmals in der Kirche zum Gebet. Daneben arbeiten sie, um den notwendigen Lebensunterhalt für sich zu gewinnen. Ihr Gründer Benedikt war ein gebildeter Mann und hatte einige Jahre als Einsiedler in einer Höhle gewohnt, bevor er in Montecassino (Italien) zusammen mit einigen Gefährten ein Kloster gründete. Es wurde zum Vorbild für alle Klostergemeinschaften der

→ Benedikt mit seiner Regel

Westkirche. Die Klöster der Benediktiner/innen hatten zu aller Zeit eine große Bedeutung als Orte der Erziehung und der Bildung, vor allem aber der Verbreitung des christlichen Glaubens.

Brot für die Welt
Brot für die Welt ist die Hilfsorganisation der Evangelischen Kirchen in Deutschland, um Menschen in Asien, Afrika, Lateinamerika und Osteuropa, die in Not sind, unter Krankheit und Hunger leiden, zu helfen. *Brot für die Welt* wurde 1959 gegründet und unterstützt seitdem die Kirchen in diesen Ländern. Neben der Hilfe bei Katastrophen will *Brot für die Welt* vor allem Hilfe zur Selbsthilfe leisten. So werden z. B. Schulen gegründet und Frauen unterstützt, damit sie durch ihre Arbeit ihre Kinder ernähren können. Vergleichbare Hilfswerke der Katholischen Kirche sind → Misereor, Missio und → Renovabis.
Weitere Information:

Brot für die Welt

Diakonische Arbeitsgemeinschaft
Evangelischer Kirchen in Deutschland
Stafflenbergstr. 76
70184 Stuttgart
www.brot-fuer-die-welt.de.

Buddha
Buddha („der Erwachte") war ein berühmter Gelehrter. Er lebte um 500 v. Chr. in Indien. Eigentlich hieß er Siddharta Gautama und war Sohn eines reichen Fürsten. Als er eines Tages bei einem Ausflug sah, wie elend viele Menschen leben mussten, war er schockiert und beschloss als Mönch weiterzuleben. Durch Gebet und Meditation versuchte er herauszubekommen, warum es Leid und Elend gibt und wie man es überwinden kann. Eine Voraussetzung dafür ist nach seiner Lehre das rechte Verhalten der Menschen. Dazu stellte er Gesetze auf, z. B. nicht stehlen, kein Leben töten, allen Lebewesen Liebe und Mitgefühl entgegenbringen.

Eine Statue von → Buddha

Don Bosco
Giovanni Bosco (1815-1888) war ein italienischer Priester. In der Großstadt Turin betreute er Kinder und Jugendliche, die heimatlos, verwahrlost und oft auch arbeitslos waren. Weil man in Italien die Priester mit „Don" (Herr) anredet, wurde er Don Bosco genannt. Er baute für seine Buben ein Heim und sorgte dafür, dass sie eine christliche Erziehung und eine gute Ausbildung bekamen. Im Lauf der Zeit fand er viele Mitarbeiter, so auch Maria Mazzarello, die sich um hilfsbedürftige Mädchen kümmerte. Heute gibt es auf der ganzen Welt Schulen, Ausbil-

→ Don Bosco

dungsbetriebe und Jugendhäuser, die nach Don Bosco benannt sind und sein Werk weiterführen.

Friedhof
Das Wort bedeutet: „eingefriedeter (= eingegrenzter) Hof". Der Name Friedhof drückt auch die Hoffnung aus, dass die Verstorbenen, die hier ruhen, bei Gott den ewigen Frieden gefunden haben. „Gottesacker" heißt er, weil Jesus das Sterben und Auferstehen mit einem Weizenkorn verglichen hat, das in die Erde fällt und Frucht bringt. Die Juden nennen ihn oft „Haus des Lebens": Auch in diesem Namen wird die Hoffnung deutlich, dass Gott die Verstorbenen zum Leben führt. Auf einem Friedhof entdeckt man viele → Symbole und Zeichen, die auf den Glauben an ein Leben bei Gott hinweisen.

Gleichnis
Gleichnisse sind bildhafte Erzählungen, mit denen Jesus seinen Zuhörerinnen und Zuhörern die Botschaft vom Reich Gottes nahe bringen wollte. Darin erzählte er von alltäglichen Erfahrungen, die den Menschen bekannt waren, und verglich sie mit der Botschaft vom Reich Gottes: Gott ist wie ein guter Vater, der seinen heimkehrenden Sohn umarmt; er geht den Menschen nach wie der Hirte dem verlorenen Schaf; das Reich Gottes wächst aus kleinen, unscheinbaren Anfängen, so wie ein Senfkorn.

Hinduismus
Der Hinduismus ist die Hauptreligion Indiens. Er kennt keinen eigentlichen Religionsstifter, sondern entwickelte sich aus den überlieferten Vorstellungen der indischen Urbevölkerung. Deshalb kommt der Hinduismus auch fast nur in Indien vor. Die heiligen Schriften werden „Veden" genannt (Veda = Wissen) und entstanden in der Zeit zwischen 1500 und 500 v. Chr. Dabei handelt es sich meist um religiöse Gedichte und Lobgesänge auf die große Zahl der hinduistischen Götter. Die wichtigsten Götter sind der Schöpfer „Brahma", der zerstörerische und neu erschaffende „Shiva" und der alles erhaltende „Vishnu". Der wichtigste Glaubensinhalt ist das Wissen von der ewig gültigen Weltordnung. Wenn der Mensch demgemäß handelt, kann er Heil und Erlösung aus dem Kreislauf der Wiedergeburten erlangen. Je nachdem, ob der Mensch gut oder schlecht gelebt hat, glaubt er, nach seinem Tod auf einer höheren oder niedrigeren gesellschaftlichen Ebene wiedergeboren zu wer-

Der hinduistische Gott → Shiva im göttlichen Tanz. Er bewegt die Welt, zerstört und erschafft neu.

den. Opfergaben, stille Andachten vor dem Hausaltar und das reinigende Bad im heiligen Fluss Ganges haben dabei eine große Bedeutung.

Imam
Der Imam ist der Vorsteher der muslimischen Gemeinde. Er betet in der → Moschee das Pflichtgebet vor, vor allem leitet er das Freitagsgebet. Er kann auch Prediger sein und Lehrer in der Koranschule.

Johannes (Evangelist)
Johannes ist der vierte Evangelist. Er schreibt als letzter sein Evangelium viele Jahre nach dem Tod Jesu. Wie die anderen Evangelisten überliefert er Worte und Taten Jesu, berichtet von dessen Verurteilung, Kreuzigung und von Erscheinungen nach seiner Auferstehung. Johannes überliefert uns auch die Erzählung von der Fußwaschung Jesu (fragen - suchen - entdecken S. 95).

Kaaba
Die Kaaba („Würfel") ist das größte Heiligtum in der Stadt → Mekka. Während der Wallfahrt wird die Kaaba von den Gläubigen siebenmal betend umschritten. Sie ist das mit schwarzen Tüchern umhängte älteste muslimische Gebetshaus und stand schon lange vor Muhammads Zeiten. An der Außenseite ist der heilige schwarze Stein eingemauert, der einst als Meteorit vom Himmel gefallen sein soll.

Konfirmation
Etwa im Alter von 14 Jahren werden evangelische Jungen und Mädchen in einem feierlichen Gottesdienst zu mündigen Gliedern ihrer Kirche erklärt. Sie bekennen sich dabei zu ihrer Taufe und übernehmen mit der Konfirmation alle Rechte und Pflichten eines evangelischen Christen. In einer längeren Vorbereitung werden sie auf die Zulassung zum Abendmahl vorbereitet, das sie in diesem Gottesdienst zum ersten Mal empfangen.

Konzil
Ein Konzil ist eine Versammlung von katholischen Bischöfen und Kardinälen, die vom Papst einberufen wird. Dabei werden wichtige Fragen des Glaubens und des kirchlichen Lebens beraten und Beschlüsse gefasst. Leiter dieser Versammlung ist in der Regel der Papst. Wichtige Konzilien sind die von Nicäa

Einmal in ihrem Leben sollen Muslime zur → Kaaba pilgern.

und Konstantinopel (heute: Istanbul), bei denen das noch heute gültige Glaubensbekenntnis festgelegt wurde, und das bisher letzte, so genannte 2. Vatikanische Konzil (1962-1965) in Rom.

Koran
Das Wort „Koran" bedeutet „Lesung" oder „Vortrag" und ist die Bezeichnung für das heilige Buch der Muslime. In ihm sind alle Botschaften gesammelt, die Muhammad von Allah empfangen hat. Der Koran enthält 114 so genannte „Suren", die der Länge nach geordnet sind; die längste Sure steht am Anfang.

Lukas (Evangelist)
Lukas hatte bereits das Evangelium nach → Markus

gekannt, als er sich daran machte, selbst ein Evangelium zu schreiben. In dieser Schrift verdeutlichte er seiner Gemeinde, was es bedeutet, aus dem Geist Jesu zu leben: Alle sollen einander annehmen und achten, weil jeder Mensch vor Gott einmalig und wertvoll ist. Lukas betonte, dass sich Jesus vor allem um Verachtete, Arme und Verlassene gekümmert hat. Neben seinem Evangelium schrieb er auch die Apostelgeschichte, in der er seinen Lesern beschrieb, wie die frühen Christengemeinden versuchten nach dem Beispiel Jesu zu leben.

Markus (Evangelist)
Markus hat als Erster ein Evangelium (= „gute Botschaft") geschrieben. Damit wollte er wichtige Ereignisse aus dem Leben Jesu überliefern und die frohe Botschaft vom wachsenden Reich Gottes weiterverbreiten, die Jesus in Worten und Taten verkündet hatte. Es kam ihm darauf an, seiner Gemeinde in der Zeit der Christenverfolgung Mut zuzusprechen. Die Evangelisten hatten Jesus nicht mehr gekannt, aber sie konnten bei ihrer Arbeit auf Zeugen und auf Aufzeichnungen zurückgreifen.

Um still zu werden und zur Mitte zu finden (→ Meditation) kann man ein Mandala ruhig betrachten oder gestalten.

Matthäus (Evangelist)
Wie → Lukas hat auch Matthäus das Evangelium des → Markus gekannt. Matthäus schreibt vor allem für Christen, die zuvor Juden waren. In der Bergpredigt preist er die selig, die nach der Botschaft Jesu leben. Matthäus hat uns auch die Erzählung von den Weisen aus dem Osten überliefert und wie Lukas das Vaterunser, das alle Christen beten.

Meditation
Das Wort leitet sich ab vom lateinischen Wort meditari und bedeutet soviel wie „nachdenken" oder „sich in die Mitte begeben". Menschen, die meditieren, versuchen sich von äußerer Ablenkung zu befreien, still zu werden, das Staunen zu lernen, auf das Selbstverständliche (z. B. einen Stein, eine Blume, eine Vogelstimme, einen Sonnenuntergang) achtsam zu sein. In der Stille und im Nachdenken werden Menschen bereit auf Gott zu hören und mit ihm zu sprechen. Eine Hilfe dazu bieten auch die Stilleseiten in *fragen - suchen - entdecken*, S. 4-6.

Mekka
Mekka ist die Geburtsstadt des Propheten Muhammad. Sie liegt im heutigen Saudi-Arabien und ist der wichtigste Wallfahrtsort der Muslime. In Mekka steht auch die → Kaaba.

Misereor
Das lateinische Wort heißt übersetzt: „Ich erbarme mich." Misereor ist ein Hilfswerk, das die deutschen Bischöfe im Jahr 1958 gegründet haben, um arme und unterdrückte Menschen zu unterstützen, die in den Elendsgebieten Afrikas, Asiens oder Lateinamerikas leben. Am Sonntag vor Ostern wird in allen katholischen Kirchen Geld für die Arbeit von Misereor gesammelt. Mit dieser „Fasten-Aktion" sowie mit anderen Aktionen und Projekten baut Misereor eine Brücke des Verständnisses und der Hilfsbereitschaft zwischen Deutschland und den armen Ländern. Manche dieser Projekte lassen sich auch von Schulklassen durchführen.

MISEREOR
DAS HILFSWERK

Aktion gegen Hunger und Krankheit in der Welt
Mozartstr. 9
52064 Aachen

Im Internet findet man unter www.misereor.de weitere Information.

Moschee
Die Moschee ist das Versammlungsgebäude der Muslime, in dem sie sich zum Freitagsgebet und zu anderen Gottesdiensten treffen. Zur Moschee gehören auch Räume für die rituellen Waschungen, den Koranunterricht und für andere Veranstaltungen.

Muezzin
Der Muezzin ruft in den islamischen Ländern vom Turm der Moschee, dem Minarett, die Gläubigen täglich fünfmal zum Gebet.

Muslim/Muslima
„Der sich Gott hingibt"/ „Die sich Gott hingibt". So bezeichnen sich die männlichen und weiblichen Anhänger des Islams. Die Bezeichnung „Mohammedaner" wird von den Muslimen abgelehnt, weil sie nicht Muhammad, sondern einzig Allah verehren.

Ökumene
Das Wort „Ökumene" kommt aus dem Griechischen und bedeutet „die bewohnte Erde". Es bezeichnet die Gesamtheit der christlichen

Vom Minarett, dem Turm einer → Moschee, ruft der → Muezzin die Muslime zum Gebet.

Kirchen auf der ganzen Welt. Das Wort wird heute aber auch für die Bemühungen verwendet, die Trennung zwischen den verschiedenen christlichen Kirchen zu überwinden. In der „Ökumene vor Ort" bemühen sich die Christen, Möglichkeiten des gemeinsamen Handelns und Glaubens zu suchen und zu leben. Sie erfahren, dass die Gemeinsamkeiten, z. B. zwischen evangelischen und katholischen Christen, stärker sind als die Unterschiede. Ziel ist die sichtbare Einheit aller Kirchen.

Orthodoxe Kirche
Orthodox ist ein griechisches Wort und bedeutet: rechtgläubig, auch „Gott auf die

Messdiener vor der Ikonenwand einer → orthodoxen Kirche.

rechte Weise preisend". Als „orthodoxe Kirchen" bezeichnet man jene Kirchen, die sich nach der Überlieferung des Christentums richten, wie sie in Byzanz (Konstantinopel), heute Istanbul, gepflegt wurde. Diese Kirchen haben sich im Jahre 1054 von der römisch-katholischen Kirche getrennt. Sie erkennen den Papst nicht als ihr Oberhaupt an.

Pharao

Im alten Ägypten wurde der König Pharao genannt. Mit Hilfe seines Hofstaats, einer großen Schar von Beamten und eines Soldatenheers herrschte er über sein weites Land. Als König war er zugleich Priester, oberster Gesetzgeber und höchster Richter in einer Person: Seine Macht war unbegrenzt. Von seinen Untertanen wurde er als Sohn des Sonnengottes verehrt.

Pharisäer

Die Pharisäer waren eine religiöse Gruppe in Israel. Zu ihr gehörten zum Beispiel Schriftgelehrte und andere fromme Juden, die ihren Glauben an Jahwe sehr ernst nahmen. Sie befolgten die Gesetze des Mose genau, aber auch die mündliche Überlieferung vieler weiterer Gebote. So gaben sie den zehnten Teil ihres Einkommens an den Tempel ab und fasteten an zwei Tagen in der Woche. Wegen ihrer Ernsthaftigkeit und ihres religiösen Eifers waren sie beim Volk geachtet. Jesus kritisierte ihre übertriebene Befolgung der Gebote, wenn dabei die Liebe zu Gott und den Mitmenschen in den Hintergrund trat.

Rabbi

„Rabbi" heißt Lehrer, Meister. In den Evangelien wird Jesus auch „Rabbi" genannt. So wurden in Israel die religiösen Lehrer angeredet. Sie erklärten die heiligen Schriften Israels. Ihre Meinung war gefragt, wenn in wichtigen Angelegenheiten eine Entscheidung zu treffen war. Ein Rabbi wanderte damals

Der → Pharao Ramses II. nach einer Schlacht, den Bogen noch in der Hand, mit Gefangenen.

oft von Ort zu Ort. Er war von Schülern umgeben, die ihm nachfolgten um von ihm zu lernen und selbst einmal Rabbi zu werden.

Renovabis
Renovabis (vom lateinischen Wort renovare = erneuern) ist ein Hilfswerk der katholischen Kirche für Osteuropa. In vielen Ländern Osteuropas herrscht große Not. Die katholischen Christen wollen dazu beitragen, diese Not zu lindern. Die Gläubigen spenden in der Sammlung an Pfingsten für die Menschen in diesen Ländern. Renovabis wurde 1993 gegründet. Weitere Information:

Renovabis

Solidaritätsaktion der deutschen
Katholiken mit den Menschen
in Mittel- und Osteuropa
Domberg 27
85354 Freising
www.renovabis.de

Sklave
Sklaven sind Menschen, die unfrei und rechtlos sind. Sie können ihr Leben nicht selbst bestimmen. Von ihren Herren werden sie wie ihr persönliches Eigentum angesehen, das sie misshandeln und verkaufen können. Sie müssen gefährliche und schwere Arbeiten verrichten, auch wenn sie deshalb krank werden oder sogar sterben. Kinder, die von Sklavinnen geboren werden, gehören ebenfalls dem Sklavenbesitzer.

Symbol
Symbole sind Gegenstände, die für Menschen eine tiefere Bedeutung haben. So kann z. B. ein Ring Symbol für Freundschaft und Treue sein. Wichtige Symbole für Christen sind Wasser (Taufe) und die Osterkerze (Symbol für den auferstandenen Christus). Oft haben auch Handlungen symbolische Bedeutung, wie die Fußwaschung Jesu, vgl. S. 95.

Telefonseelsorge
Menschen (auch Kinder und Jugendliche), die sich in schwierigen Situationen befinden und nicht mehr weiter wissen, können sich bei der Telefonseelsorge anonym Rat und Hilfe holen. Die Telefone sind rund um die

Rote Rosen, ein → Symbol für Liebe.

Uhr besetzt. Frauen und Männer bemühen sich zuzuhören, zu trösten und weiterzuhelfen, wo es möglich ist. Die Telefonseelsorge wird von der evangelischen und der katholischen Kirche getragen. Die einheitlichen kostenlosen Nummern findet ihr unten.

TelefonSeelsorge
0800-1110111 0800-1110222

freecall
Die Nummer gegen Kummer
0800-1110333
Kinder- und Jugendtelefon

Zakat
Zakat wird die Almosenabgabe der Muslime genannt, die vor allem im Fastenmonat Ramadan entrichtet wird. Sie ist eine der fünf Grundpflichten („Säulen") des Islam. Jeder gläubige Muslim, der ausreichend Geld verdient, ist zu dieser Abgabe verpflichtet. Mit dem Geld werden vor allem ärmere Muslime und werden Muslime in anderen Ländern unterstützt. Die Armensteuer gab es schon zur Zeit Muhammads.

Der Vordere Orient
Assyrien
Ninive
Assur
Tigris
Eufrat
(Babel)
Babylon
Ur
Chaldäa
Syrien
Damaskus
Kanaan
Sichem
Bet-El
Jerusalem
Tarsus
Midian
Sinai
Horeb
Rotes Meer
Schilfmeer
Goschen
Ägypten
Nil

Das Land Israel
zur Zeit Jesu
Libanon-Gebirge
Damaskus
Kafarnaum
Betsaida
See
Gennesaret
Galiläa
Karmel
Nazaret
Jesreel
Samaria
Samaria
Sichem
Jordan
Mittelländisches Meer
Judäa
Jericho
Jerusalem
Betlehem
Totes Meer
Gaza
Mamre

Quellenverzeichnis

4 Wanderweg bei Köttweinsdorf, Foto: Thomas Hansmann, Bamberg
5 Fotos: Dr. Karl F. Bauer, Augsburg – Alexander Schmidt, Paderborn
6 T: Joerg Zink/M. Christoph Janacs © Kreuz Verlag GmbH, Stuttgart
7 Michael Bogdanow, Miriam's Dance, 1998, Acryl auf Leinwand, 55,9 x 71,1 cm © Michael Bogdanow, USA
8 Pieter Brueghel d. Ä. (1525/30-1569), Das Schlaraffenland, 1566, Eichenholz, 52 x 78 cm, München, Alte Pinakothek © Foto: Artothek – in: Josef Osterwalder, Erzähl mir eine Geschichte von Gott, Mainz 1999, S. 69f. (bearb.)
10 Kösel-Archiv – T: Horst Peter/T/M: Ludwig Keller © Strube Verlag GmbH München-Berlin, Zwischenspiel: Ludwig Sauter
11 Dr. Martin Luther King Jr. spricht an der Michigan State University am 11.2.1965, Foto: © Michigan State University Archives and Historical Collections – in: M. L. King, Freiheit! Der Aufbruch der Neger Nordamerikas, übers. v. Ruth Rostock und Alfred Schmidt, Heyne, München 1968 (bearbeitet)
12 in: Röhrig Winfried, Viele bunte Fäden, Lahn-Verlag, Limburg (bearbeitet) – T/M: Kathi Salzeder-Stimmer © Musik und Wort, Aschau
13 Dan Rubinstein (*1940), Moses vor dem Dornbusch, R2; Auszug aus Ägypten, R4; Moses auf den Felsen, R5; Moses mit den Gesetzestafeln, R7, Glasfenster in der kath. Kirche St. Verena in Stäfa/Zürich © Dan Rubinstein, Zürich/VG Bild-Kunst, Bonn 2003
17 Marc Chagall (1887-1985), Moses erhält die Tafeln des Bundes, Privatbesitz © VG Bild-Kunst, Bonn 2003
19 Hermann Mostar © Michaela Lentz-Mostar, Vence (bearbeitet)
20 Josef Guggenmos, in: Elfriede Conrad/Klaus Deßecker/Heidi Kaiser (Hg.), Erzählbuch zum Glauben. Die Zehn Gebote, Bd. 2, Köln 1983, S. 199f.
21 Keith Haring (1958-1990), aus der Serie „The 10 commandments", Bordeaux, 1985, 770 x 500 cm, Acryl, Öl auf Leinwand, Sammlung Estate of Keith Haring, New York – Käthe Kollwitz (1867-1945), Deutschlands Kinder hungern, 1924, Vorzeichnungen zu dem gleichnamigen Plakat für die Internationale Arbeiterhilfe Berlin von 1924 (Kl 190), Lithokreide, 435 x 290 mm, Käthe Kollwitz-Museum Köln, Träger Kreissparkasse Köln © VG Bild-Kunst, Bonn 2003
22 T: Pfarrer Hans-Hermann Bittger © Bistum Essen/M: Kanon für zwei Stimmen Joseph Jacobsen 1935 © Rechtsnachfolger des Urhebers
23 Paul Klee (1879-1940), mit grünen Strümpfen, 1939, 1009 (CD 9), 35 x 21 cm, Aquarell, Feder und Bleistift auf Papier und Karton, Standort unbekannt © VG Bild-Kunst, Bonn 2003
24 Gudrun Pausewang in: Neues Vorlesebuch Religion, S. 78 – Foto: F. X. Kohlhauf, Bad Tölz – Martin Auer, in: Hans Joachim Gelberg (Hg.), Überall und neben dir. Gedichte für Kinder, Weinheim 1989, S. 64
25 Susanne Kilian, Kinderkram. Kinder-Gedanken-Buch, Weinheim/Basel 1987, S. 107-109 – Paul Klee (1879-1940), hat Kopf, Hand, Fuß und Herz, 1930, 214 (S 4), 41,8 x 29 cm, Aquarell und Feder auf Baumwolle auf Karton, Kunstsammlung Nordrhein-Westfalen, Düsseldorf © VG Bild-Kunst, Bonn 2003
26 Roswitha Fröhlich, in: Gelberg, siehe unter S. 24, S. 202
27 T: Rolf Krenzer/M: Siegfried Fietz © Abakus Musik B. Fietz, Greifenstein
28 Kinder-Träume-Lied, T: Reinhard Bäcker © Menschenkinder Verlag und Vertrieb, Münster – nach Sieglinde Preitz, Quelle unbekannt
31 Ernst Alt (* 1935), Semen Abrahae (Verheißung an Abraham), 1976, Aquarell mit Feder, Deckweiß, 20 x 24 cm, Rechte beim Künstler – T: Thomas Laubach/M: Thomas Quast © tvd-Verlag, Düsseldorf
33 Keith Haring, Untitled, 1987 © The Estate of Keith Haring, New York
35 Hitda-Codex, Sturmstillung, um 1020, 11,6 x 17 cm, Hessische Landes- und Hochschulbibliothek, Darmstadt
37 Projekt zur Misereor Kinderaktion „butterfly", Foto: Jürgen Laaser, Hückelhoven
38 T: Gerhard Schöne/M: Jüdische Weise © BuschFunk Musikverlag, Berlin
40 Paul Klee (1879-1940), Hauptweg und Nebenwege, 1929, 90 (R10), Öl auf Leinwand, 83 x 67 cm © VG Bild-Kunst 2003
42 Fotos: AP – Friedmann Berger, Leipzig
43 Fotos: Walter Imber, Günsberg/Schweiz – Quelle unbekannt – KNA, Bonn
45 Foto: R. und S. Michaud, Agentur Focus
46 Muhammad und Ali entfernen die Idole aus der Kaaba, Buchseite mit Miniatur, Tempera auf Papier, 29,3 x 17 cm, „Raudat as-Safa" des Mir Havand, Iran um 1590, Staatliche Museen zu Berlin/Preußischer Kulturbesitz, Museum für Islamische Kunst/I. 44/68, bpk, Berlin, Foto: Wolfgang Selbach – Bibliothèque nationale de France, Paris
47 Fotos: Brigitte Zein-Schumacher, Arnsberg – Islam-Archiv, Soest
48 Moschee Scheik Lutfullahs, Isfahan (erbaut 1603-1618), in: Carel J. Du Ry, Die Welt des Islam, Heyne, München 1980, S. 222
49 Foto: Islam-Archiv, Soest
51 Fotos: KNA, Bonn – Standartenaufsatz in Form einer Segenshand, Karachi/Pakistan, 1. Hälfte 20. Jh., Staatl. Museum für Völkerkunde München, Foto: Alexander Laurenzo
53 „Frieden sei mit dir", Kalligrafie, in: M. S. Kayani, Assalamu alaikum. Frieden sei mit dir, ins Deutsche übertragen von Safiya, Haus des Islam Balioglu 1994 – „Friede", Kalligrafie von Hassan Massoudy – T: Wolfgang Poeplau/M: Ludger Edelkötter © KiMu Kinder Musik Verlag, Essen
55 Antoni Tàpies (*1923), Fons forma, 1985 © Fondation Antoni Tàpies Barcelona/VG Bild-Kunst, Bonn 2003
57 Paula Modersohn-Becker (1876-1907), Worpsweder Bauernkind auf einem Stuhl sitzend, um 1905
58 Gina Ruck-Pauquèt, Warum?, in: Monika Hutter, Ethik in der Grundschule 4. Planen – gestalten – erleben, Begleitheft, München 1994 – Fotos: dpa/Picture Alliance, Frankfurt (2) – KNA, Bonn
59 in: R. Oberthür, Neles Buch der großen Fragen, München 2002, S. 89, 92f. (gekürzt) – nach: ders., Kinder fragen nach Leid und Gott, München 1998
60 Pablo Picasso (1881-1973), Guernica, 1937 (Detail) © Succession Picasso/VG Bild-Kunst, Bonn 2003 – Käthe Kollwitz (1867-1945), Klage um Ernst Barlach, 1938, Bronze, 27,3 x 25 cm, Museum am Ostwall, Dortmund © VG Bild-Kunst, Bonn 2003
63 Heilung des Aussätzigen, Echternacher Evangeliar, um 1040, Bibliothek Royal, Brüssel, Foto: Verlag Ars liturgica, Maria Laach
67 Arnulf Rainer (* 1929), Kreuz, 1987-1990, Öl auf Holz, 201 x 124 cm © Atelier Arnulf Rainer, Wien
70 Marc Chagall (1887-1985), Die Tore des Friedhofs, 1917, Öl auf Leinwand, 87 x 68,5 cm, Privatbesitz Basel © VG Bild-Kunst, Bonn 2003
71 Friedensreich Hundertwasser (1928-2000), 937 Unendlichkeit ganz nahe, 1993/94 © 2003 Gruener Janura AG, Glarus/Schweiz
72 Fotos: Pfarrer Josef Neuenhofer, La Paz/Bolivien - Kindermissionswerk „Die Sternsinger", Aachen - Eucharistie: Detail aus dem Bild „Das Geheimnis des Todes", Malawi, missio München
73 T/M: © Molefe, Xhosa von Stephan Cuthbert, dt. Text: Dieter Trautwein © Strube Verlag, München-Berlin - Fotos: P. Frans Voss, Turku - Roel Burgler, Amsterdam
74 T/M: Kathi Stimmer-Salzeder © Musik und Wort, Aschau
75 Thomas Zacharias (*1930), Pfingsten © VG Bild-Kunst, Bonn 2003
82/83 Fotos: J. Schwaller, Bichl – Kösel-Archiv – U. Heilmeier, München – KNA, Bonn
84 nach: Kalendertext Okt. 2000, Adveniat & Katechet. Institut Würzburg
85 T/M: Manfred Siebald © Hänssler-Verlag, D-71087 Holzgerlingen
86 Eva-Maria Fell, 11 Jahre, PrayNet – Gebet, Daniel John, Liverpool, PrayNet, 97359 Abtei Münsterschwarzach, www.praynet.de
87 Joan Miró (1893-1983), Der Sonnenschlucker (Mangeur de Soleil), 1955, Lithografie, 76 x 56 cm © Successió Miró/VG Bild-Kunst, Bonn 2003
89 Rainer Hohmann, in: Großer Ozean. Gedichte für alle, Weinheim 2000, S. 117
90 Foto: Ludwig Sauter, Babenhausen – Senfkorn Hoffnung, Holzschnitt Nr. 64, Sr. M. Sigmunda May OSF, Kloster Sießen – nach Sigrid Berg (bearb.)
91 René Magritte (1898-1967), Die Stimme des Blutes, 1948, Öl/Lw., 78,8 x 58,6 cm, Christie´s London, Foto: Artothek © VG Bild-Kunst, Bonn 2003
94 Gekürzte Fassung von „So einer war Thomas", aus: Das große Rolf-Krenzer-Buch, Echter-Verlag, Würzburg © Rolf Krenzer, Dillenburg
95 Relief, 12. Jh., Abteikirche Saint Gilles du Gard
98 T: © Rolf Krenzer/M: © Ludger Edelkötter, KiMu Kinder Musik Verlag, Essen
99 Cartoon: Marie Marcks
101 Fotos: Franz Kogler, Linz – Ludwig Rendle, Augsburg
102 T: F. K. Barth u. a./M: Peter Janssens © Peter Janssens Musikverlag, Telgte
103 © Sieger Köder, Der Geist Gottes bewegt die Menschen
105 nach: Friedrich Schweitzer/Albert Biesinger, Gemeinsamkeiten stärken – Unterschieden gerecht werden, Freiburg 2002, S. 33f.
106 Fotos: Pontificia Commissione di Archeologia Sacra – Elio Ciol, Casarsa
107 Foto: Peter Williams/WCC, photo oikoumene, CH – Genf
108 Lucas Cranach d. Ä. (1472-1553), Luther als Mönch, 1520
109 ders., Der predigende Martin Luther, Predella des Cranach-Altars, Stadtkirche Wittenberg (mit Lucas Cranach d. J.), 1547, Foto: Artothek (Detail)
110/111 Kath. Kirche St. Johannes, Diesenbach – Ev. Kirche St. Johannes, Regensburg, Fotos: Dr. J. Schindler, Regensburg
112 Fotos: Petra Gieseler, Bondorf – Erzdiözese München-Freising – Ursula Heilmeier, München - Anselm Thissen, Münster © Dia-Dienst
113 Fotos: Josef Biegelmair, Schönenberg – Evang. Pfarrgemeinde, Ichenhausen (2) – Gerhard Schöttl, Günzburg – Armin Köhler, München
114 Kreuzigungsgruppe in der päpstlichen Basilika, Romanisches Kreuz, um 1200, Foto: Kath. Pfarrkirchenstiftung St. Michael Altenstadt – Angelika Paintner, Ichenhausen – Protestantische Pfarrgemeinde, Haardt/Hermann Fischer, Neustadt-Haardt - Ursula Heilmeier, München
116 Cartoon: JALS (J. Smolinski), Küssnacht
117 Foto: Kristina Roth, Derching
122 Apostel Paulus, 5. Jh., Mosaik in der Capella Arcivescovile in Ravenna
123 Benedikt überreicht Abt Johannes die Ordensregel, Buchmalerei, Cod. 175, Monte Cassino, Bibliothek Ms 105, Paulus Diaconus, Kommentar zur Regel f. 2v: Hl. – Sitzender Buddha Amida, Japan, Mitte 11. Jh., lackiertes Zypressenholz, 152,5 cm Höhe © Kyoto National Museum
124 Foto: Don-Bosco-Werk Deutschland – Dr. J. Schindler, Regensburg
125 Foto: Islam-Archiv, Soest
126 Foto: Marielle Seitz, München
127 Moschee in Marl/NRW, erbaut 1992, Foto: Islam-Archiv, Soest
128 Foto: Meike Böschemeyer, Bonn – Ramses II © Henri Stierlin, Genf (Detail)
130/131 Illustration: Eva Amode, München